Das

landwirthschaftliche Wasserges

in

Elsaß-Lothringen.

Von

F. von Bodungen,
Kaiserlichem Oberförster zu Schloß Lützelstein im Elsaß

Straßburg,
Verlag von Karl J. Trübn
1877.

Inhalts-Verzeichniß.

———

Einleitung.

Elsaß-Lothringen hat eine Gesammtoberfläche von 14,511,74 Q.-Kilometer oder 1,451,174 Hektar. Davon sind 669,414 Hektar (46,13%) Ackerland, 17,669 Hektar (1,22%) Obstgärten, 30,343 Hektar (2,09%) Weinland, 169,651 Hektar (11,70%) Wiesen, 458,648 Hektar (31,60%) Waldungen und 105,451 Hektar (7,26%) Heiden, Sümpfe, Gewässer, überhaupt unbebautes Land. Die Gesammtcivilbevölkerung beträgt 1,499,020 Einwohner. Davon treiben 50% Landwirthschaft. Von Industrie und Handel leben etwa 40%. Sehen wir von dem geringen Großgrundbesitze, dessen Flächenumfang sich in einzelnen Fällen nur auf 50—250 Hektar beschränkt, ganz ab, so berechnet sich durchschnittlich per Kopf: 0,89 Hektar Ackerland, 0,02 Hektar Obstgärten, 0,04 Hektar Weinland und 0,23 Hektar Wiesen, überhaupt p. Kopf 0,98 Hektar, oder p. Bauerngut 4,90 Hektar Grundbesitz. Während der kleine Grundbesitz von 1—2 Hektar Flächeninhalt sich größtentheils unter die Handwerker und ländlichen Arbeiterfamilien vertheilt, vertreten die eigentlichen Bauerngüter den mittleren Grundbesitz in einer Größe von 5.—10.—25. Hektar Flächeninhalt, wovon die kleineren in den Gebirgsdistrikten und in den Weingegenden, und die größeren in der Ebene liegen. Dieser an sich geringe Flächeninhalt der einzelnen Bauerngüter ist durch die Theilbarkeit obendrein oft in 100 und mehr Parzellen über den ganzen Bann zerstreut. Bei geringerer Fläche kann der Bauer seine Kraft und seinen Fleiß angemessen auf das Grundstück verwenden, der Ertrag wird gesteigert. Elsaß-Lothringen gibt den unwiderlegbaren Beweis, daß ein kleiner Besitz eine sichere Stütze gewährt. Sagt doch Göthe: „Das herrliche Elsaß, immer dasselbe und immer neu." Die Zwergwirthschaft treibt aber den Bauer immer mehr zur Anspannung aller Kräfte, wie zur Erstrebung des größtmöglichen Ertrags, zumal der Ausspruch des chinesischen Kaisers Kienloong im Jahre 1793: „Das Land vermehrt sich nicht, aber das zu ernährende Volk nimmt zu" — hier in vollem Maße Geltung findet. Wir haben zwar viele Mittel den Bauernstand zu erleichtern und zu heben, allein ihre Durchführung verursacht zum Theil große Schwierigkeiten. Die Regierung sorgt unaufhörlich für diesen Stand. Blicken wir in den Landeshaushalts-Etat, so finden wir z. B. für das Jahr 1877 für Veterinärwesen 27,300 M., für Gestütverwaltung 158,605 M., für Förderung der Landwirthschaft 199,812 M., für Fischzucht-Anstalt bei Hüningen 32,960 M., für Unterstützungen 2200 M. und einen landwirthschaftlichen Hülfsfond zur Gewährung von Unterstützungen bei Unglücksfällen von 57,370 M., überhaupt für Landwirthschaft 478,247 M. bewilligt. Wir sehen Acker-, Wiesen-, Obst- und Weinbauschulen, sowie eine Versuchsstation in segensreicher Entwickelung. Wir treffen Wanderlehrer, Wiesenbaumeister und Cultur-Ingenieure in eifriger Thätigkeit. Ackerbauvereine wetteifern schwindelhaft. In vielen Dingen des landwirthschaftlichen Betriebes sehen wir die Stelle der freien Vereinsthätigkeit von der Gemeinde zweckmäßig ausgefüllt. Das eigentliche Vereinsleben ist aber leider hier noch ziemlich unentwickelt, und gerade diesem gebührt eine große Zukunft. Die Bedeutung der Mitwerbung und die Kraft der Verbindnng kann nicht treffender ausgedrückt werden als in den kurzen Worten Schillers:

„Nähergerückt ist der Mensch an den Menschen, enger wird um ihn,
„Reger erwacht, es umwälzt rascher sich in ihm die Welt,
„Sieh, da entbrennen im feurigen Kampf die eifernden Kräfte,
„Großes wirket ihr Streit, Größeres wirket ihr Bund."

An die immer lauter werdende Forderung eines vernünftigen Betriebes, eines billigen Realkredits reiht sich die Forderung der Verbindung der Landwirthe als Mittel zum Zweck. Erst wenn an die Seite zufälliger Verbindungen die Genossenschaft der freien Wahl tritt und durch die gemeinsame Haftung die Solidarität der Interessen wahrhaft verwirklicht, kann in vernünftiger Wirthschaft, in landwirthschaftlicher Industrie, im Handel mit den Produkten des Landbaues Größeres geleistet werden.

Die Cultur der Wiesen ist in Rücksicht sowohl auf die erfolgreichste Entwickelung der Landwirthschaft, als auch auf die Bestrebungen für Vervollkommnung aller Theile der Viehzucht und Haltung nicht genug zu würdigen. Wir haben oben gesehen, daß Elsaß-Lothringen 11,70% Wiesen besitzt. Der Viehstand steht damit in keinem günstigem Verhältniß. Nach der Viehzählung von 1873 gab es: 131,956 Stück Pferde mit Maulthieren, Maulesel und Esel, 418,484 Stück Rindvieh, 260,505 Stück Schweine, 191,142 Stück Schafe und 66,579 Stück Ziegen. Dieses bringt durchschnittlich p. Bauerngut etwa: 1 Pferd, 2—3 Stück Rindvieh, 2 Schweine und 1—2 Stück Schafe bezw. Ziegen. Dieser Viehstand steht zudem namentlich bezüglich des Rindviehes, dem anderer Staaten zurück und entspricht jedenfalls nicht den Bedürfnissen der Landwirthschaft. Ohne Futter kein Viehstand, ohne Viehstand kein Dung und ohne Dung keine Ernte. Das Bedürfniß größeren Futtergewinns und Düngstoffs drängt zu einem thätigen Vorgehen in der Cultur der Wiesen. Die geringe Dankbarkeit, mit welcher nicht selten der Bauer den reichen Segen der Wiese, welche doch offenbar die Wohlthäterin der ganzen Wirthschaft ist, empfängt, die Sorglosigkeit, mit der er sie in Bezug auf mögliche Verbesserungen sich überläßt, muß dazu auffordern, ganz besonders ihre Cultur gebührend zu würdigen. Die einfachste Art der Verbesserung der Wiesen ist die Bewässerung (Berieselung). Dazu gehören Wasserläufe, aus denen der Wiesengrund bereichert und erfrischt werden kann. Kein Land ist damit mehr gesegnet als Elsaß-Lothringen.

Die Hauptflüsse sind der Rhein, die Ill, die Mosel und die Saar. Der Rhein ist nur Grenzfluß auf 195 Kilom. Sein Bett ist 300—2000 Meter breit. Der größte Zufluß des Rheins innerhalb der Grenzen des Elsaß ist die Ill. Sie läuft parallel mit dem Rhein und ist 205 Kilom. lang. Sie empfängt auf der rechten Seite wegen der Nähe des Rheins nur unbedeutende Bäche, dagegen zahlreiche Gewässer auf der linken Seite, und zwar die Larg, die Doller, die Thur, die Lauch, die Fecht und die Bräusch. Unter den übrigen nur geringen Nebenflüssen des Rheins sind zu nennen: die Moder mit Zorn und Zintzel, die Sauer und auf der Grenze gegen die Rheinpfalz die Lauter. Die Mosel durchströmt den äußersten nordwestlichen Theil von Lothringen. Sie empfängt französischer Seits links die Orne und die Seille, deutscher Seits die Saar in Lothringen, rechts die Blies und links die Nied auf der Grenze der Rheinprovinz. Zuflüsse der Saar sind rechts die Isch und der Eichelbach und links der Naubach, die Albe und die Rossel. Auf der Grenze gegen Belfort zu gehören einige geringe Bäche zum Gebiete der Rhone. An Seen sind im Elsaß nur bemerkenswerth der Belchensee und der weiße und schwarze See. Größer sind dieselben in Lothringen, führen aber nur die Bezeichnung Weiher und sind flach; unter ihnen sind der Gunderchinger-Weiher am Rhein-Marne-Saarkanal, der Stock- und Mühlweiher am Saarkanal und der Lindenweiher südöstlich von Dieuze hervorzuheben. Von großer Wichtigkeit sind die Kanäle. Der Rhein-Rhonekanal verläßt die Ill wenig oberhalb Straßburg und tritt bei Altmünsterol in Frankreich ein. Seine Länge überhaupt beträgt 322, diesseits 132 Kilometer. Mit diesem Kanal stehen in Verbindung der Hüningerkanal mit 28 Kilometer und der Kolmarerkanal von 13 Kilometer Länge. Der Rhein-Marnekanal geht aus der Ill unterhalb Straßburg ab und längs der Sanon in Frankreich zur Meurthe 2c. Seine Länge beträgt überhaupt 320, dieseits 104 Kilometer. Andere Kanäle sind: der Ill-Rheinkanal (4 Kilom.), die Fortsetzung des vorigen, der Breuschkanal (20 Kilom.), der Saarkohlenkanal (76 Kilom.), der Salinenkanal und endlich der Moselkanal.

An Wasser fehlt es also nicht, allein eine Ueberfülle von Wasser verändert nicht nur auf eine dem Pflanzenwachsthum mehr oder weniger nachtheilige Weise die chemischen Bestandtheile des Bodens, sondern beschränkt auch in den von ihm erfüllten Raum das Eindringen der Luft und Wärme; während eine gehörige Feuchtigkeitsmenge auf das Pflanzenwachsthum eine sehr wohlthätige Wirkung äußert. Es ist daher mit der Bewässerung die Entwässerung (Drainage) eng verbunden, und es muß bei allen Culturverbesserungen das Augenmerk darauf gerichtet sein: den Wasser-Zu- und Abfluß so zu leiten, daß zwar ein zuträgliches Maß an Feuchtigkeit erhalten bleibt, aber die schädliche Nässe beseitigt wird.

Die vortheilhafte Benutzung des Wassers erfordert aber in der Regel eine Einschränkung der natürlichen Abflußverhältnisse fließender Gewässer durch künstliche Anlagen (Wasserstau). Dieser Wasserstau ist von großer Tragweite, die darin beruht, daß er einen künstlichen Wasserstand schafft, der nach Willkühr leicht und unmerklich geändert werden kann, aber mit weitreichenden Wirkungen für die Bodencultur, wie für die gewerblichen Anlagen.

Neben dem günstigen Einflusse, welchen das Wasser auf die Cultur des Landes ausübt, zeigt es sich da, wo es durch feste Bette in seiner Ausbreitung begrenzt wird, durch den Angriff auf das Uferland und die sich anschließenden Niederungen auch von unmittelbar zerstörenden Wirkungen. Hiergegen dient der Wasserschutz, welcher auf der einen Seite vor dem Angriffe der Wassermassen auf die Ufer, welche sie einschließen, Sicherheit geben (Uferschutz), auf der andern Seite das Austreten der über das gewöhnliche Maß anschwellenden Gewässer aus ihren Ufern in die sie umgebende Landfläche beschränken soll (Deichschutz). Oeffentliche Interessen knüpfen sich in großer Zahl an die Herstellung eines geordneten Deichschutzes, während ein gleichmäßig geregelter Ueferschutz nur ausnahmsweise durch sie verlangt ist.

Wir treten daher auf das wirthschaftliche Wassergebiet, welches uns die vorzüglichsten Mittel zur Verbesserung des Ackerbaues bietet, und zwar einerseits durch Bewässerung und Entwässerung, Berieselung und Drainage zur Erhöhung der Fruchtbarkeit des Bodens, andererseits durch Deichbau, Damm- und Uferbauten zum Schutz gemeinsamer benachbarter Gründe und deren Benutzung.

In den Zeiten noch unentwickelter Cultur ist man fast ausschließlich darauf bedacht gewesen, sich gegen die Gewalt des Wassers zu schützen, ohne seiner Segnungen zu achten. Mit dem Erwachen der Landwirthschaft fand auch die nützliche Seite des Wassers Würdigung; man bediente sich der Wasserschätze, um dürftigen Gründen die fehlende Kraft zu ersetzen, freilich nur soweit als die Natur selbst auf die leichteste Art gestattete. Erst später bemächtigte sich das Gewerbe der im Wasser ruhenden Kräfte. Je höher aber die Landwirthschaft und das Gewerbe sich entwickeln, um so mehr muß das Wasser an

Bedeutung gewinnen. Dabei dient zugleich das Wasser der Flüsse und Kanäle als billige Fahrstraße für Schiffe und Flöße, sowie sich an die Eigenschaften des Wassers noch viele andere wichtige wirthschaftliche Interessen z. B. Anspülung, Fischerei rc. knüpfen. Es ist daher auch nicht zu verwundern, daß die Ansprüche auf die Benutzung des Wassers und seiner Kräfte häufig zu Streitigkeiten führen und daß, um die verschiedenen, oft gleich berechtigten Interessen gegenseitig auszugleichen, die Regulirung der Benutzungsrechte am Wasser vielfach Gegenstand gesetzgeberischer Thätigkeit gewesen ist. Das überkommene Recht konnte dem großartigen Umschwunge in Landwirthschaft und Gewerbe nicht gewachsen bleiben, zumal die Interessen der Bodencultur darin eine so geringe Beachtung gefunden hatten, daß dasselbe den neueren Bestrebungen der Landwirthschaft die meisten Hindernisse entgegenstellte. Volkswirthschaftliche Rücksichten zwangen deßhalb umgestaltend einzugreifen und minder wichtige, dem wichtigern Interesse in billiger Weise unterzuordnen, vor Allem den berechtigten Eigenthümlichkeiten Rechnung zu tragen, die gegenseitigen Befugnisse und Verpflichtungen in gewissen Grenzen zum Besten des allgemeinen Wohles festzustellen, die Bildung der Genossenschaften zu erleichtern, das Verfahren einfach und praktisch zu regeln, die Zuständigkeit der Verwaltung und der Gerichte klarzustellen und im öffentlichen Interesse nachhaltige Ordnungen zu befestigen.

Das französische Recht machte sich zwar schon früh bemerklich, indem es durch die Verordnung vom August 1669 die Verhältnisse der schiff- und flößbaren Gewässer zu regeln und insbesondere die ungestörte Erhaltung ihres Ablaufes gegen unerlaubte Beeinträchtigungen zu schützen suchte; allein die allgemeine wirthschaftliche Bedeutung der Gewässer kam erst Ende des vorigen Jahrhunderts durch die Revolution zu ihrer Geltung. Die Instruktion vom 12.—20. August 1790 ordnete unter staatlicher Leitung die Ent- und Bewässerung im Sinne gemeinen Nutzens an. Das Ruralgesetz vom 6. Oktober 1791 traf gegen willkührliche Maßregeln über die Gewässer Vorkehrungen, während die Verordnung vom 9. März 1798 vor unberechtigten Störungen des Abflusses in schiff- und flößbaren Gewässern zu schützen suchte, indem sie zugleich alle Anlagen zur Wassernutzung in das staatliche Ermessen stellte. Durch das Gesetz vom 4. Mai 1803 wurde der Verwaltungsbehörde die Befugniß beigelegt, für Räumung der Gewässer und für Unterhaltung der dazu gehörigen Wasserschutzanlagen Anordnungen zu treffen. Das bürgerliche Gesetzbuch beschränkte sich darauf, die Grundsätze des hergebrachten Rechtes zusammenzufassen und zu ergänzen, ohne die älteren Culturvorschriften zu verbessern. Die Verhältnisse drängten aber alsbald zu einem weiteren Vorgehen, und in dem Gesetze vom 16. September 1807 fand denn auch eine umfassende Regelung der Wassergesetzgebung statt, wobei allerdings ein nicht zu rechtfertigender Eingriff der Staatsgewalt vorwiegt, jedoch die Entwässerung ausführlich geordnet und auf den Wasserschutz und auf anderweite Beziehungen der Gewässer gebührend Bedacht genommen wird. Die neuere Culturentwickelung konnte sich auch damit nicht befriedigt fühlen, und mit Nachdruck folgte man den weitergehenden Bestrebungen, indem durch die Gesetze vom 29. April 1845, 11. Juli 1847, 10. Juni 1854 und 17. Juli 1856 Culturvorschriften über Be- und Entwässerung der Grundstücke zur Geltung kamen, welche neben einer ausgebreiteten Nutzung der Wasserschätze auch den Boden vor schädlichem Wasserüberfluß sichern, ohne jedoch Seitens des Staats direkt förderlich und nöthigend einzugreifen. Das Gesetz vom 28. Juli 1860 ertheilt sodann für die Cultur der den Gemeinden gehörenden Sümpfe und öden Ländereien nützliche Vorschriften. Bei der großen Zerstückelung des Grundbesitzes empfand man bald, daß die Cultur-Wasserbauten häufig über den Bereich des einzelnen Unternehmers hinaus gingen und dann an den widerwilligen Interessen anderer Besitzer zum Schaden der Cultur in der Regel scheitern mußten, daß auch bei einem gemeinsamen Vorgehen der Schutz der Gesetze in den vielfachen Streitigkeiten solcher Unternehmungen mit fremden Interessen nicht ausreichte und daß man deßhalb größere Unternehmungen begünstigen und im Interesse dieser die Bildung von Genossenschaften im Wege des staatlichen Zwanges ermöglichen müßte. Dieses führte zu dem Genossenschaftsgesetze vom 21. Juni 1865, wodurch gute einheitliche Genossenschaftsgrundsätze, zum Theil auch die richtigen Mittel zur Zwangsausführung gegeben sind und dadurch einige Cultur-Unternehmungen im Wege der Genossenschaftsbildung wesentlich erleichtert und gefördert werden. Der Fortschritt der Cultur stellte noch weitere Anforderungen an die gesetzgeberische Thätigkeit. Neuerer Zeit ist dem Bundesrathe und Reichstage der Entwurf eines Gesetzes für Elsaß-Lothringen betreffend Abänderungen der Gesetzgebung hinsichtlich des Wasserrechts zugegangen. Es sind darin folgende Bestimmungen getroffen: 1. daß die Befugniß zur Bildung von ermächtigten Genossenschaften sich auf alle Culturwasserbauten ausdehnt; 2. daß eine für das Zustandekommen eines Unternehmens günstigere Berechnung der Mehrheit bei den maßgebenden Abstimmungen stattfindet; 3. daß ein Austausch von Grundstücken verschiedener Eigenthümer ohne zu besorgende Rechtsverwickelungen vereinbart werden kann; 4. daß die richterliche Zuständigkeit einheitlich ist; 5. daß im Interesse einer geregelten Benutzung und Unterhaltung bereits ausgeführter Cultur-Anlagen eine Ordnung festgestellt werden muß; endlich 6. daß alle Grundstücke mit Be- und Entwässerungs-Anlagen von der Gemeindeweide- und Stoppelhütung gänzlich frei sein sollen. In der Begründung heißt es: „Im Frühjahre des Jahres 1873 wurde von dem Oberpräsidenten in Folge mannigfacher aus dem Lande selbst hervorgegangener Anregung eine aus Beamten, Landwirthen und Industriellen bestehende Kommission von Sachverständigen zur Berathung der Frage berufen, ob und in welchem Umfange eine Ergänzung oder Abänderung der in Elsaß-Lothringen in Bezug auf die Benutzung und Unterhaltung der Wasserläufe geltenden gesetzlichen Bestimmungen durch ein praktisches Bedürfniß erfordert werde und ohne Verletzung berechtigter Interessen ausführbar sei. Unter Benutzung des durch eingehende Berathungen der Kommission gewonnenen Materials ist demnächst ein Gesetzentwurf ausgearbeitet worden, welchen die Kommission mit einigen unwesentlichen Abändernngen gut geheißen hat. Der Entwurf ist sodann den Bezirkstagen zur Aeußerung mitgetheilt und, nachdem dieselben im Allgemeinen sich zustimmend erklärt hatten, durch den Vorstand des Appellationsgerichts zu Colmar geprüft worden. Nach diesen Vorarbeiten hat eine Revision des Gesetz-Entwurfs und eine Umarbeitung einzelner Theile stattgefunden. In der so festgestellten

Fassung ist der Gesetz-Entwurf dem Landes-Ausschusse in der Sitzung von 1875 zur Begutachtung vorgelegt. Dieser hat das Bedürfniß der angestrebten Verbesserung und Ergänzung des bestehenden Wasserrechts anerkannt und in den Sitzungen vom 8. und 14. Juli 1875 die in dem Gesetzentwurfe enthaltenen Bestimmungen mit unwesentlichen Abänderungen und mit der Maßgabe gut geheißen, daß er noch die Aufnahme einer Bestimmung in Vorschlag gebracht hat, durch welche den Besitzern auch solcher Grundstücke, welche nicht unmittelbar an den Wasserlauf anstoßen, ein Anspruch auf die Benutzung desselben ausdrücklich gewährt wird. Die Regierung hat Bedenken getragen, diese Bestimmungen anzunehmen, sich im Uebrigen aber mit dem sachlichen Inhalt der Beschlüsse des Landesausschusses einverstanden erklärt. — Bevor noch die verfassungsmäßige Beschlußfassung einer der gesetzgebenden Körperschaften über den Gesetzentwurf stattgefunden, kam zur Sprache, daß einzelne Bestimmungen des badischen Gesetzes über Be- und Entwässerungs-Anlagen vom 13. Februar 1851, welche das Verfahren behufs Bildung von Genossenschaften betreffen und deren Inhalt dem Gesetzentwurf theilweise zum Vorbilde gedient hatte, nach den über ihre geringe praktische Zweckmäßigkeit inzwischen gemachten Erfahrungen als der Abänderungen dringend bedürftig erkannt worden seien. In der That ist ein Theil dieser Bestimmungen demnächst durch das neue badische Gesetz über Benutzung und Instanderhaltung der Gewässer vom 25. August 1876 beseitigt und sind an deren Stelle solche Bestimmungen gesetzt worden, deren sachlicher Inhalt nicht erheblich von demjenigen der bezüglichen Bestimmungen des Gesetzes vom 20. Juni 1865 abweicht. — Unter diesen Umständen mußte erwogen werden, ob eine Abänderung der in Elsaß-Lothringen bestehenden gesetzlichen Bestimmungen im Sinne des angeführten badischen Gesetzes vom 13. Februar 1851 noch rathsam sei. Die Prüfung hat zu dem Ergebnisse geführt, daß es sich empfehle, die fraglichen Bestimmungen des früheren Entwurfes auszuscheiden, und in dieser abgeänderten Fassung wird der Gesetzentwurf nunmehr vorgelegt." — Dem Entwurfe gemäß ist das Gesetz sowohl vom Bundesrathe und Reichskanzler als auch vom Reichstage angenommen und vom Kaiser unterm 11. Mai 1877 genehmigt und unterzeichnet. [1])

[1]) Gesetzblatt von 1877 Nr. 5 Seite 12 bis 14.

Dieses ist im Allgemeinen der Standpunkt der Entwickelung des Wasserrechts für das Culturwesen. Wenn man nun auch zugeben muß, daß man heuer Mittel und Wege finden kann, um die bisher für den Volksreichthum ungenutzten Wasserschätze zu heben und zu entfesseln; so hat man doch bei jeder Gelegenheit den Uebelstand zu empfinden, daß man zu einem das gesammte Wasserrecht enthaltenden Gesetze noch nicht gelangt ist, daß man daher gezwungen wird, aus den zersplitterten gesetzlichen Bestimmungen und den unendlich vielen Verwaltungs- und Gerichts-Entscheidungen seine Befugnisse und Verpflichtungen mühsam zu suchen. In einem großen Staate wie Preußen, wo zudem verschiedene Rechte bestehen, mögen bei einem neuen einheitlichen Wasserrechte große sachliche Schwierigkeiten zu überwinden sein, und es ist deßhalb erklärlich, daß dort seit langen Jahren mit Eifer daran gearbeitet wird, ohne bis heute den Schlußstein gefunden zu haben. Mögen auch hier aus der Natur des Stoffes und den hierbei zu vereinigenden sich gegenüberstehenden Interessen, sich einige Schwierigkeiten erheben, allein solche werden um so leichter zu überwinden sein, da es weniger auf die Ausdehnung als auf die Ordnung des Rechts ankommt. Hat doch Bayern dieses schon durch das Wassergesetz vom 28. Mai 1852 bethätigt. Die Ordnung des Wasserrechts in Verbindung mit Einrichtungen zur finanziellen Förderung der Landescultur seitens der Privatpersonen und Genossenschaften ist unzweifelhaft von großem Nutzen; findet damit eine gründliche Feststellung der Verwaltungs-Befugnisse statt, wobei zugleich das Verfahren vereinfacht und der unteren Verwaltung eine gewisse Zuständigkeit ertheilt wird, so muß das Landesculturwesen in gedeihlicher Weise zum Besten des Volkswohlstandes sich entwickeln. Es ist gewiß kein Fehler in der Wassergesetzgebung, daß der Verwaltung umfassende Befugnisse zustehen; allein wenn man billigen muß, daß die Feudalherrschaft im vorigen Jahrhundert zu Grabe getragen ist, so wird man auch heuer die Machtvollkommenheit der Verwaltung nur in bestimmten Grenzen anerkennen können. Bei den heurigen staatlichen Anschauungen wird es sich sogar empfehlen, alle Anordnungen ohne zustimmende Beschlußnahme der Betheiligten von der Zustimmung des Kreis- bezw. Bezirkstages abhängig zu machen.

Die Handhabung der geltenden Wassergesetze hat ihre großen Schwierigkeiten. Dieses liegt in der großen Zahl und Mannigfaltigkeit der Gesetze, in der Vermischung verschiedener Gegenstände, in vielfachen Wiederholungen und in häufigen Verweisungen von dem einen Gesetze auf das andere. Wir sehen davon ab, daß außerdem die fraglichen Gesetze ihrem sachlichen Inhalte nach in einigen Bestimmungen zu weitläufig und zu sehr ins Einzelne gehend, in anderen wiederum unzureichend, oder den jetzigen Anforderungen nicht mehr entsprechend sind, beschränken uns vielmehr auf eine möglichst leichte Handhabe der zur Zeit geltenden Gesetze, in der Ueberzeugung, daß vorab dem Bedürfnisse schon damit entsprochen wird, wenn nur die oben angedeuteten Ausstellungen thunlichst Beseitigung finden. Dieses glauben wir auf die Weise zu lösen, daß zunächst alle ungültigen und sich wiederholende Bestimmungen ausgeschieden, alsdann die verwandten, in verschiedenen Gesetzen aufgenommenen Bestimmungen zusammengezogen und systematisch geordnet in deutscher Fassung vereinigt werden.

Ein Gerippe des Wasserrechts ist unter theilweiser Zergliederung der Einzelgesetze nachstehend zusammengestellt, dabei wurde keine kunstgerechte Behandlung, sondern lediglich die praktische Anwendung in Betracht gezogen. Eine kurze Erläuterung ist vorangeschickt. Im französischen Rechte findet sich zwar keine streng durchgeführte Eintheilung der Gewässer, aber in der Sache kommen doch dieselben Unterschiede wie im deutschen Rechte zur Geltung, und es sind deßhalb die hier üblichen Bezeichnungen festgehalten.

Schließlich muß der schriftstellerischen Thätigkeit gedacht werden, wobei sich in der neueren Zeit besonders hervorgethan haben: Dufour, Chardon, Ducrocq, Demolombe, Daviel, Proudhon etc. über französisches Wasserrecht; Nieberding, Pözl, Spangenberg, Döhl, Lette und v. Rönne, Tourban, Scheele, Oppenhof ꝛc. über das rheinische Recht; Pietzsch, vorzügliche Denkschrift über die Möglichkeit einiger Verbesserungen der in Elsaß-Lothringen bestehenden Wassergesetzgebung. Im Druck befindet sich ein umfassendes Werk über die Wasser-Gesetze Elsaß-Lothringens von Huber.

A. Die natürlichen Gewässer.

Im französischen Rechte findet sich keine streng durchgeführte Eintheilung der natürlichen Gewässer. Es unterscheidet aber, wenn auch nicht dem Namen nach, so doch in der Sache, öffentliche und Privatgewässer. Die Begriffsbestimmung der öffentlichen Gewässer ist im römischen, im deutschen und im französischen Rechte verschieden. Während das römische Recht jedes Flumen perenne, also alles stetig laufende Wasser, als eine res publica oder communis omnium ansieht, das deutsche Recht sich dem Satze zuneigt, daß als öffentliche Gewässer der Regel nach nur schiffbare Ströme gelten, unterscheidet das französische Recht solche Gewässer, die zum Staatseigenthume gehören von den übrigen und rechnet zu jenen alle Flüsse, welche schiffbar oder flößbar sind, außerdem die Häfen, Buchten und Rheden. Von den bloß flößbaren Flüssen gehören nur diejenigen zum Staatseigenthum, welche mit verbundenem Holz beflößt werden können. Der strenge Begriff des Eigenthums bei den schiff- und flößbaren Gewässern verliert in staatlicher Beziehung durch die große Bedeutung derselben für das allgemeine Interesse seine volle Anwendung, um so mehr fällt mit dem dem Staate daran zustehenden weitreichenden Hoheitsrechte ihre rechtliche Ordnung in das öffentliche Recht hinein. Alle übrigen Gewässer sind vorwiegend privatrechtlicher Natur. Diese nicht öffentlichen Gewässer bilden keinen einheitlichen rechtlichen Begriff, sondern enthalten verschiedene Arten von Gewässern, die verschiedenen Rechtsbestimmungen unterworfen sind. Zunächst werden die nicht geschlossenen von den geschlossenen Privatgewässern unterschieden. Zu diesen gehören: Seen, Teiche, Brunnen, Quell- und Regenwasser, soweit diese Wasser im Besitze eines Privaten stehen. Zu jenen gehören: Flüsse und Bäche, überhaupt alle natürlichen Wasserläufe, welche weder zur Schiffahrt noch zur Floßfahrt mit gebundenen Flößen dienen und welche im gemeinschaftlichen Privatbesitz stehen. Die noch auftretenden Triftgewässer, welche mit ungebundenem Holz beflößt werden, haben, abgesehen von dem Flößereirecht, dieselbe privatrechtliche Eigenschaft wie die nicht geschlossenen Gewässer.

I. Oeffentliche Gewässer.

Als öffentliche Gewässer sind nur diejenigen Wasserläufe zu betrachten, welche die Eigenschaft eines Verkehrsweges an sich tragen und zur Befahrung mit Schiffen oder zusammengebundenen Flößen dienen [1]).

Die öffentlichen Gewässer bilden Theile des Staatsvermögens [2]). Sie sind ein zur allgemeinen Benutzung bestimmtes Staatsgut, in demselben Sinne wie die Wege, Land- und anderen Straßen, welche der Staat unterhält; sie gehören also zu den öffentlichen Sachen, an denen der Staat einem durch das Gesetz gestatteten, allgemeinen Gebrauche gegenüber nur bestimmte Vorrechte besitzt. Sie stehen aber auch unter der Gewalt der Staatsregierung als solcher, womit die Pflicht derselben zusammenhängt, den Wasserlauf, die Wassernutzung und den Wasserschutz an diesen Gewässern, ihrer natürlichen Bestimmung gemäß, zu regeln.

Der Staat ist nicht befugt, dem öffentlichen Flusse seine Eigenschaft zu benehmen, eben weil seinem Rechte der privatrechtliche Charakter fehlt [3]). Er kann nicht denselben einem Einzelnen verkaufen, oder sonst der allgemeinen Benutzung entziehen [4]). Der Staat ist vielmehr berufen, den für das allgemeine Beste nützlichen Gebrauch zu schützen. Er übt daher vor allen Dingen ein Oberaufsichtsrecht in Bezug auf die Erhaltung des Flußlaufs zur

[1]) Daviel I. 30.

[2]) B. G. B. Art. 538. G. v. 16/IX. 1807. Art. 41.

[3]) B. G. B. Art. 537 zweiter Satz: „Güter, welche keiner Privatperson zugehören, werden nach den Formen, und unter Beobachtung der Regeln, die ihnen eigen sind, verwaltet, und können nur gemäß diesen veräußert werden".

[4]) Edikt vom Februar 1566, wonach die Domainen des Staates für unveräußerlich erklärt werden.

Schiff- und Floßfahrt, zu technischen und landwirthschaftlichen Zwecken, auf den Uferbau, damit Schaden der Anlieger und des Flusses verhütet werde. Der Staat erläßt und handhabt daher eine Reihe von polizeilichen Anordnungen [1]). Durch die hoheitlichen Rechte des Staates an dem Lauf der öffentlichen Gewässer wird das Eigenthumsrecht der Anlieger in mehrfacher Weise beschränkt. Das an sich unbeschränkte Privatrecht des Einzelnen muß dem öffentlichen Interesse und der polizeilichen Handhabung nachstehen [2]).

Ein Wasserlauf ist nur von dem Punkt, an welchem er schiff- oder floßbar wird, als öffentliches Staatsgut zu betrachten, die Staatsregierung ist jedoch berechtigt, an dem oberen Theile alle Unternehmungen, welche die Wassermenge zu schmälern und die Schiffbarkeit zu beeinträchtigen geeignet sind, zu untersagen. Der ganze unterhalb des Punkts, an welchem ein Fluß schiff- oder floßbar wird, gelegene Theil desselben gehört zu dem öffentlichen Staatsgut; ausgeschlossen davon sind völlige Abzweigungen von nicht schiff- oder flößbaren Wasserläufen [3]). In den Löchern, Buchten und Gräben, welche ihr Wasser aus schiff- oder floßbaren Flüssen erhalten und zu jeder Zeit von Fischerfahrzeugen befahren werden können und deren Unterhaltung dem Staate obliegt, steht die Fischerei dem Staate zu; [4]) diese sind also auch als öffentliches Staatsgut zu betrachten, wie gleichfalls die Häfen, Lad- und Tränkplätze, die Staden, die künstlich angelegten Dämme und überhaupt alle

[1]) B. G. B. Art. 650. V. v. August 1669 Tit. 28 Art. 7. 42. 43. 44. Kaiserl. Dekret v. 27/I. 1803 Art. 1 u. 2. Instr. v. 12—20/VIII. 1790. G. v. 6/X. 1791 Tit. II. Art. 16. V. v. 9/III. 1798. V. v. 13/IV. 1861.

[2]) B. G. B. Art. 537 erster Satz: „Privatpersonen haben das Recht über die Güter, die ihnen zugehören, frei zu verfügen, unter den Einschränkungen, welche durch die Gesetze festgesetzt sind". B. G. B. Art. 649: „die durch das Gesetz eingeführten Dienstbarkeiten haben das allgemeine Wohl, oder den Vortheil einer Gemeinde, oder den Nutzen der Privatpersonen zum Gegenstande". B. G. B. Art. 650. V. v. August 1669 Tit. 28 Ar 7. 42. Kaiserl. Dekret v. 27/I. 1803 Art. 2. G. v. 16./IX. 1807. Art. 28—35. 38—41.

[3]) Proudhon III. 752 ꝛc.

[4]) G. v. 15/IV 1829 Art. 1 Ziff. 2.

Zubehörden dieser Flüsse. Ferner gehört das Bett eines schiff- oder floßbaren Flußes zum öffentlichen Staatsgut; die Grenze zwischen dem Flußbett und dem anstoßenden Eigenthum wird durch die Linie gebildet, welche der Fluß bei hohem Wasserstande noch erreichen kann, ohne daß das Wasser auszutreten beginnt [1]).

Dem Staate steht in allen schiff- und flößbaren Strömen, Flüssen und Kanälen, deren Unterhaltung dem Staate zur Last fällt, das Fischereirecht zu [2]).

In öffentlichen Gewässern sind alle Anlagen und Maßnahmen unzulässig, welche den Ablauf des Wassers in einer für fremden Besitz und fremde Rechte nachtheiligen Weise hemmen [3]). Der Staat ist nicht verpflichtet aber befugt, für die Ordnung im Strome zum Zwecke einer völligen Herstellung geregelter Vorfluth einzuschreiten, auch zu dem Behufe hinderliche Anwächse der Ufer fortzuräumen und zu durchstechen. Für die Nachtheile, welche aus dem Verfall des Flußbetts und seiner Ufer privaten Interessen erwachsen, steht er mit keiner Ersatzpflicht ein. Dagegen ist er zur Entschädigung bezw. zur Beihülfe verpflichtet, wenn er durch angeordnete Bauten und Maßnahmen fremden Besitz und fremde Rechte benachtheiligt [4]).

Der gemeine Gebrauch der öffentlichen Gewässer ist einem Jeden freigestellt, darf jedoch nicht über die Grenzen des wirklichen Bedürfnisses und seines eigentlichen Zweckes ausgedehnt werden, weßhalb z. B. das Verunreinigen der öffentlichen Gewässer verboten ist. Ohne einen besonderen Rechtsgrund steht die Benutzung des Wassers, insbesondere die Anlage von Wasserleitungen und die Einrichtung von Wassertriebwerken in den öffentlichen Gewässern Niemandem zu. Der Staat hat das Verfügungsrecht über das Wasser, er darf jedoch weder den Betrieb der fremden Anlagen unmittelbarer schädigen, noch dem öffentlichen

[1]) Proudhon III 743.

[2]) G. v. 15/IV. 1829. V. v. 10/VII. 1835.

[3]) V. v. August 1669 Tit. 28 Art. 42—44. Instr. v. 12—20/VIII. 1790. G. v. 6/X. 1791 Tit. II Art. 15 u. 16. V. v. 9/III. 1798. Instr. v. 6/VIII. 1798.

[4]) Art. 545 des B. G. B. G. v. 16/IX. 1807. Art. 28—34, Nieberding S. 88, 89.

Verkehre mittelst der Schifffahrt und Flößerei hindernd entgegentreten [1]).

Die Alluvionen, die im Flusse entstandenen Inseln, das verlassene Flußbett und das durch Wassergewalt abgerissene Landstück haben privatrechtliche Eigenschaft. Die Eigenthümer der unmittelbar an das Wasser stoßenden Grundstücke sind allen nachtheiligen Folgen, welche das Angrenzen an öffentlichen Gewässern nach sich zieht, ausgesetzt; nach den Grundsätzen der natürlichen Billigkeit hat man deßhalb denselben, als benéficium fluminis, die Anschwemmungen zu Gute kommen lassen, durch welche der Fluß das feste Land vermehrt. Eine Ausgleichung zwischen Verlust und Erwerb wird hierdurch allerdings nicht herbeigeführt; in den meisten Fällen werden vielmehr einige Grundbesitzer auf Kosten der anderen bereichert. Dem ist indessen schwer oder vielmehr gar nicht abzuhelfen, da die völlige Uebereinstimmung des hinweggeschwemmten und des anderwärts angelegten Bodens sich nicht nachweisen läßt. Der aus der Alluvion entspringende Vortheil, — der Zuwachs an Grund und Boden durch allmähliches Anspülen, — muß seinen Grund im Zufall, in dem unbeeinflußten Wirken des fließenden Wassers haben. Nur zum Zwecke des Uferschutzes sind Anlagen statthaft. — Die Erweiterung des Ufers durch Zurücktreten des Wassers ist nach ähnlichen Grundsätzen zu beurtheilen. Wenn ein Theil des Flußbetts vom Wasser frei wird, so rücken die Anlieger mit ihrem Eigenthume bis an die Grenze des Wassers vor, und wenn das Wasser wieder auf seinen früheren Stand zurückkehrt, so leben diejenigen Verhältnisse wieder auf, welche bestanden hatten. Alluvionen, welche sich an und bei Brücken ꝛc. bilden, sind nicht Eigenthum der Anlieger, sondern stehen, sofern dieselben eine unmittelbare Folge der Anlagen waren, zur Verfügung dessen, der die Brücke ꝛc. errichtet [2]).

Bei der Alluvion wird zwar fremdes Land angetrieben, jedoch in unmerklich kleinen Theilen und ohne daß

[1]) Tit. 27. Art. 42 ꝛc. d. V. vom August 1669, Verord. v. 9./III. 1798. Dufour, police des eaux p. 199. 160. 161. 120. Nieberding S. 171.

[2]) B. G. B. Art. 556. 557. Chardon, traite du droit d'alluvion p. 126. 231. Pözl 127—138.

sich sagen ließe, woher diese Theile kommen und wessen Eigenthum sie bisher waren. Wird aber ein erkennbares Stück Land an einen anderen Ort des Ufers versetzt, so ist der bisherige Eigenthümer berechtigt, dasselbe entweder wieder an seine frühere Stelle zu verbringen oder die Masse desselben auszubeuten. Dieses muß im Ganzen geschehen. An dem abgerissenen und versetzten Stücke müssen sich Merkmale finden, welche entnehmen lassen, woher es komme; es muß das Eigenthum an demselben bewiesen werden können. Der Eigenthümer versucht zunächst Anerkennung im gütlichen Wege, und wird diese verweigert, so stellt er gerichtliche Klage [1]).

Die Gründe der Billigkeit, welche bei Alluvionen für den Uferbesitzer sprechen, finden auf die im Flusse entstehenden Inseln keine Anwendung, weil die Insel als ein Grundstück für sich zu betrachten ist. Dazu kommt, daß ein erworbenes Recht der Uferbesitzer auf diese den im öffentlichen Interesse, namentlich für die Schiff- und Floßfahrt erforderlichen Maßnahmen hindernd entgegen treten würde. Daher werden die Inseln in öffentlichen Flüssen in der Regel Eigenthum des Staates [2]).

---

[1]) B. G. B. Art. 559. Proudhon IV. 1283. Pözl S. 146.

[2]) Edikt über die Eigenthumsrechte an Inseln, Vorlandungen, Fuhrten, Fähren, Brücken, Mühlen und von anderen Rechten an schiffbaren Flüssen v. August 1683: „Was die Besitzer der gedachten Inseln, Eilande, Grundstücke, Gebäude und Rechte an den gedachten Flüssen, von der Stelle ab, wo dieselben ohne Schleußen oder sonstigen Kunstbau schiffbar werden, betrifft, so wollen und belieben wir, daß dieselben, wenn sie nur rechtsgültige Akte über einen vor dem 1. April 1566 fehlerfrei begonnenen und demnächst ungestörten Besitz beibringen, für sich selbst, ihre Erben, Nachfolger und Rechtsnehmer, in ihrem Besitze bestätigt seien, wie wir sie hiermit bestätigen, ohne daß sie in Zukunft darin angefochten werden sollen".

„In Betreff derjenigen unter den gedachten Berechtigungen, deren Besitzer nicht gültige Eigenthums- oder Besitztitel aus der Zeit von 1566 beibringen sollten, wie es oben bestimmt ist, wollen wir, daß diese Berechtigungen und Sachen zu unserm Domainengut zurückgezogen werden, wie wir es mit gegenwärtigem dazu zurückziehen; schaffen auch zu diesem Zwecke, so weit vonnöthen, alle entgegenstehenden Gesetze, Verordnungen und Gewohnheiten ab".

Unter der Bedingung werden jedoch allemal Inseln Eigenthum der Uferbesitzer, wenn durch einen neuen Arm des Flusses deren Grundstücke abgeschnitten und also von Wasser umgeben sind [1]).

Wenn ein Wasserlauf sein Bett verläßt und sich ein neues gräbt, so erhalten die früheren Eigenthümer der von dem neuen Flußbett eingenommenen Grundstücke gemeinsam das verlassene Flußbett als Entschädigung. Der Antheil eines jeden richtet sich nach dem Verluste, den ihm der Fluß durch Eröffnung des neuen Betts verursacht hat. Inseln und Vorlandungen in dem verlassenen Flußbett verbleiben in dem zeitherigen Eigenthumsverhältnisse. [2]) Im Uebrigen sind die wasserhoheitlichen Befugnisse der Regierung und die bestehenden besonderen Verwaltungs- und Polizeivorschriften für die Behandlung der öffentlichen Flüsse maßgebend [3]).

S. §§ 1—17.

II. Privatgewässer.

1. Geschlossene Gewässer.

Zum Privatgrundeigenthume gehören, wenn nicht entgegengesetzte Rechte erworben sind: das Wasser, welches sich in Seen, Teichen, Brunnen und anderen Behältern

[1]) B. G. B. Art. 560. 562. Chardon 182. 183.

[2]) Art. 563 d. B. G. B. Demolombe X 165 rc. Chardon 307. 320.

[3]) Verordnung v. 1669 über die Gewässer und Wälder T. 27. Art. 42—45. T. 28. Art. 7. 9. Verordnung über die Schifffahrt auf dem Marnefluß und den andern schiffbaren Flüssen und Kanälen vom 24/VI. 1777. Verordnung über die Beschädigung der Arbeiten in schiffbaren Flüssen v. 27/VII. 1723. Beschluß des Vollziehungs-Direktoriums über den freien Lauf der schiff- und floßbaren Flüsse und Kanäle v. 9/III. 1798. 1—7. Art. 1—14. Gesetz über die Eintheilung des Landes und die Verwaltung v. 16/II. 1800. Gesetz über die Zuwiderhandlungen bezüglich des großen Straßenwesens v. 18. Mai 1802 Art. 1—4. Gesetz über die Polizei des großen Straßenwesens v. 23/III 1842. Verordnung v. 23/V.—21/VIII. 1843 über Dampfschiffe rc.

befindet, sowie das auf einem Grundstücke entspringende Quellwasser und darin und darauf sich natürlich ansammelnde Wasser (Grund- und Tageswasser), so lange solches von dem Grundstücke nicht abgeflossen ist. Private haben das Recht über die ihnen zugehörenden Güter frei zu verfügen, soweit nicht durch die Gesetze Einschränkungen festgesetzt sind.[1]) Die geschlossenen Gewässer befinden sich nun dergestallt im Privateigenthume, daß sie uneingeschränkt zu benutzen sind, und überhaupt darüber nach freier Willkühr geschaltet und gewaltet werden kann, ohne auf das Interesse Anderer Rücksicht zu nehmen. Art. 544 des bürgerlichen Gesetzbuches setzt aber voraus, daß man keinen durch Gesetze oder Verordnungen untersagten Gebrauch davon mache, und insoweit wird also die willkührliche Verfügung beschränkt. Außerdem können besondere, die willkührliche Verfügung hemmende Berechtigungen Anderer an dem Wasser bestehen. An den Teichen und Brunnen sind Wasserdienstbarkeiten, Schöpfgerechtigkeiten, Tränken rc. möglich, die der Eigenthümer dulden muß. Art. 552 des bürgerlichen Gesetzbuches stellt den Grundsatz fest, daß das Eigenthum des Bodens auch das Eigenthum alles dessen in sich schließt, was über und unter dem Boden sich befindet; gleichwol ist das Recht zu erwerben, demzufolge dem Grundeigenthümer verwehrt wird: z. B. Austrocknungen vorzunehmen, Brunnen zu graben rc., weil in solchen Fällen der Nachbar Schaden erleiden, oder einen Nutzen entbehren könnte. Freilich muß das betreffende Recht dann als rechtlich erworbene Gerechtsame ausdrücklich nachgewiesen werden. Im Allgemeinen ist aber nach Art. 640 des bürgerlichen Gesetzbuches, die freie Privatwillkühr schon dadurch beschränkt, daß einerseits der Eigenthümer des unterhalb liegenden Grundstücks den natürlichen Abfluß des Wassers von dem höher liegenden Grundstücke nicht verhindern und andererseits der Eigenthümer des oberen Grundstücks nichts unternehmen darf, was die Dienstbarkeit des unteren Grundstückes erschwert. Ebenso darf Niemand vorsätzlich seinen Nachbar durch Wasserableitung beschädigen.[2]) Da-

[1]) B. G. B. Art. 537.

[2]) G. v. 6/X. 1791 T. II. Art. 15.

gegen ertheilt das Gesetz jedem Eigenthümer das Recht der Vorfluth nach dem natürlichen Laufe des Wassers.

S. §§ 18—29 [1]).

2. Nichtgeschlossene Gewässer.

Bei den natürlich fließenden Gewässern treten eigenthümliche Rechtsverhältnisse ein. Sie stehen zwischen den öffentlichen Flüssen und dem geschlossenen Wasser in der Mitte. Der Begriff des Eigenthums läßt sich auf das in einem Flusse oder Bache frei fließende Wasser wegen seiner fortwährenden Aenderung und Bewegung nicht anwenden, weil die stets wechselnde Wasserwelle ihrer Natur nach kein Gegenstand des Besitzes sein kann und daher auch außer der Sphäre des Eigenthums liegt. Nach übereinstimmender Entscheidung des Cassationshofes und des Staatsrathes gehört der Fall des Wassers nicht zum Eigenthum der Ufergrenzer, sondern zu den Sachen, welche nach Art. 714 d. B. G. B. in Niemandes Eigenthum stehen und deren Genuß Allen gemeinsam und durch die Polizeigesetze geregelt werden [2]). Bei frei fließendem Wasser kann daher nur von einem Rechte auf den Gebrauch und von einem Auffangen oder Erfassen des vorüberfließenden Wassers, also von Nutzungsrechten die Rede sein. Sobald das Wasser aber Theile des Bettes verläßt, hören diese auf, von dem privativen Besitze ausgeschlossen zu sein und fallen als Verlandung dem Eigenthum der Anlieger anheim [3]), um so mehr, da die vormaligen grundherrlichen Rechte an den nicht schiffbaren Flüssen, als droits féodaux aufgehoben, und zugleich alle Provinzial-Rechte abgeschafft worden sind. Es ist zugleich das Wasser der natürlich fließenden Gewässer in einem beschränkten Umfange für den gemeinen Gebrauch des Publikums bestimmt, der durch

[1]) Das Gesetz v. 14—22 Juli 1856 und die Decrete vom 8—20. September 1856 u. 28. Januar bis 15. Februar 1860 über die Erhaltung und den Betrieb der Mineralquellen kommen hier nicht in Frage.

[2]) B. G. B. Art. 714: „Es gibt Sachen, die keinem zugehören, deren Gebrauch jedoch allen gemein ist. — Polizeigesetze bestimmen die Weise, sie zu benutzen".

[3]) Demolombe X. 153.

privatrechtliche Verfügungen keine weiteren Einschränkungen erleiden kann. Andererseits besitzt der Staat über die fließenden Privatgewässer vermöge diese ihrer Natur gewisse hoheitsrechtliche Befugnisse. Dagegen sind dem Staate nicht, wie bei den öffentlichen Gewässern, auch hier durch das positive Recht derartige privatrechtliche Nutzungsbefugnisse vorbehalten. An allen Privatwasserläufen übt der Staat die polizeiliche Oberaufsicht aus. Er kann also den Wasser- und Uferbau handhaben u. dergl. mehr. Nur bringt es die Natur der Sache mit sich, daß die Polizeigewalt dem Umfang und der Art der Handhabung nach bei kleineren Gewässern thatsächlich eine andere sein muß, als bei größeren, daß wenigstens die öffentliche Gewalt erst dann einschreitet, wenn ein gemeines Interesse vorliegt. Es zeigt sich also ein Mangel in der Gesetzgebung, daß jede irgendwie sichere Grenze der öffentlichen Einwirkung vermißt wird. — In der Bayer'schen Kammer hat man sogar im Jahre 1846 die Privatflüsse als öffentliches Gut erklären wollen, ist jedoch nach einem Gutachten des Appellationsgerichts zu Zweibrücken dem System des Privateigenthums beigetreten, wobei Folgendes [1]) in Erwägung gezogen ist:

„Es ist nicht zu läugnen, daß durch die Aufhebung des den Uferbesitzern bisher zugestandenen Rechts für das Gesetz über die Wasserbenützung eine breitere Grundlage gewonnen und die Schwierigkeiten, welche der allgemeinen Nutzbarmachung der Gewässer im Wege stehen, leichter beseitigt werden könnten; es würde aber hierin gewissermaßen eine fast allgemeine Expropriation der deßfalls bestehenden Eigenthumsrechte liegen, wozu sich die Gesetzgebung um so schwerer entschließen könnte, als eine Entschädigung hierfür sich weder festsetzen noch ausführen ließe.

„Es bedarf aber auch einer solchen Abänderung der Grundsätze nicht, indem diese nicht hindern, daß durch das Gesetz die Befugnisse der Verwaltung in Betreff der Aufsicht über die Wasserbenützung und der Erlassung solcher Anordnung, welche sich mit den bestehenden Rechten der Einzelnen vertragen, sowie in Betreff der Verfügung über unbenützte Wasserkräfte in möglichst weiter Ausdehnung

[1]) Pözl S. 164 u. 165.

festgesetzt werden; denn das Recht auf das fließende Wasser bleibt immer eigenthümlicher Natur, sowohl wegen seiner Beweglichkeit und der Unmöglichkeit, sich desselben bleibend zu bemächtigen, als auch in Betracht der ihm vom Schöpfer gegebenen Bestimmnng, überallhin wohlthätig und belebend zu wirken.

„Wenn daher die Gesetze dem Uferbesitzer zunächst das Eigenthum eines Theiles des Flusses zuerkennen, so kann dieses nur in dem Umfange geschehen, in welchem derselbe das Wasser für sich nützlich zu machen im Stande ist. Die Schätze an bewegender und befruchtender Kraft, welche der Fluß noch über dieses Maaß hinaus darbietet, können seiner Verfügung nicht überlassen, durch ihn allen Andern nicht vorenthalten werden.

„An der öffentlichen Verwaltung ist es, in dieser Beziehung als providentielle, über den einzelnen Interessen stehende Gewalt in's Mittel zu treten, um einestheils dem verfügbaren Wasser unter Berücksichtigung aller vorliegenden Verhältnisse die möglichst ausgedehnte Nutzbarkeit zu verschaffen, anderentheils die entgegenstehenden Hindernisse aus dem Wege zu räumen.

„Dieser Ansicht wird auch von den dem System des Privateigenthumes huldigenden französischen Schriftstellern beigepflichtet und sie liegt den angeführten Gesetzen Frankreichs zu Grunde, welche der Administration eine ausgedehnte Macht in Betreff der Leitung der Benützung der Privatflüsse zu Gebote stellen, und ihr im Allgemeinen zur Pflicht machen: de diriger toutes les eaux vers un but d'utilité générale."

Das französische Recht gestattet eine Einwirkung auf den Lauf der Privatflüsse überhaupt nur im Interesse einer Benutzung des Wassers und erklärt alle Maßnahmen für unzuläßig, welche durch Störung des ungehinderten Laufes einem Besitzer das Wasser in ungewohnter und zugleich schädlicher Weise zudrängen [1]). — In Art. 640 des bürgerlichen Gesetzesbuches ist das Recht der Vorfluth grundsätzlich festgestellt. Verschiedene ältere Bestimmungen schützen die ungestörte Erhaltung der Verhältnisse des

[1]) Instr. v. 12—20/VIII 1790. V. v. 9/III. 1798. G. v. 6/X. 1791 Tit. 2. Art. 15 rc.

Wasserlaufes, wobei zugleich der Verwaltung das Recht zu neuen Anordnungen für die einzelnen Fälle gegeben ist. Im Uebrigen sind die hergebrachten lokalen Gewohnheiten maßgebend. Eine Lücke in der Gesetzgebung ist dabei, daß die vorwiegend polizeilichen Beziehungen der Vorfluth wenig Berücksichtigung gefunden haben. [1]).

Jeder Eigenthümer ist verpflichtet, das von oben her wild ablaufende Wasser auf sein Grundstück aufzunehmen; er darf den Uebertritt desselben nicht verhindern, selbst dann nicht, wenn er seinerseits das Wasser nicht weiter zu leiten vermöchte; ebenso wenig ist hier ein Ersatzanspruch für ihn begründet. Die Vorfluth ist nur so gestattet, wie die natürliche Bodenlage sie unmittelbar mit sich bringt; sobald künstliche Anlagen diese Lage des Bodens der Art ändern, daß der natürliche Wasserablauf ebenfalls ein anderer wird, hört das Recht der Vorfluth jedenfalls soweit auf, als es dadurch den früheren Abflußverhältnissen gegenüber ein erschwertes geworden ist. Nur durch besondere Rechtstitel, namentlich durch Verjährung, kann dasselbe auf solche künstlich geschaffene Bodenverhältnisse Anwendung finden. [2])

Die Traufe ist der Vorfluth zwar nicht gleich gestellt, aber einem jeden Besitzer öffentlichen Wegen gegenüber ein gesetzliches Traufrecht zuerkannt [3]).

In den Vorfluthverhältnissen der Privatflüsse ist im Allgemeinen eine jede Störung als unzulässig anzusehen, welche fremde Interessen zum Schaden gereicht, sei es nun, daß dadurch lediglich der Ablauf des Wassers gehemmt wird, sei es, daß dasselbe durch die entstehende Stauung auf fremde Grundstücke hinaufgetrieben wird. Die unbedingte Erhaltung der einmal gegebenen natürlichen Vorfluth ist nirgend die Absicht des Gesetzes, sie ist dieses nur insoweit, als ohne sie anderweitige Rechte und Interessen gefährdet werden würden. Im Uebrigen verpflichtet selbst die gesetzlich gestattete Benutzung der Privatflüsse zur Beachtung derjenigen Beschränkungen, welche die Erhaltung der Vorfluth verlangt. Daher darf auch hierbei das Wasser

[1]) B. G. B. Art. 644. G. v. 6/X. 1791 Tit. 2. Art. 15. 16. G. v. 16/IX. 1807. Art. 33. V. v. 1669 Tit. 27 Art. 41, 42, 44. G. 19/V. 1802. B. v. 9/III. 1798. Nieberding S. 51 ꝛc.

[2]) B. G. B. Art. 640.

[3]) B. G. B. Art. 681

niemals in dem Maße aufgehalten werden, daß es entweder auf fremde Grundstücke zurücktritt und dieselben überschwemmt oder daß es sich dem fremden Boden im Innern mittheilt und dessen Versumpfung veranlaßt. Neben dem Verbote, in den natürlichen Abfluß des Wassers der Privatflüsse störend einzugreifen, steht die Pflicht, für die Erhaltung ihrer Vorfluth gegenüber dem Einflusse des natürlichen Verfalles Sorge zu tragen. Diese Pflicht zur Räumung und Auskrautung des Flußbettes erstreckt sich nur auf dasjenige Wasser, welches durch den Mangel des Abflusses schädlich wirkt; die Räumung kann daher nicht erzwungen werden, wenn es sich nur darum handelt, das Wasser einem tiefer liegenden Grundstücke besser und schneller zuzuführen. Ebenso wenig schließt die gesetzliche Räumungslast eine Verbindlichkeit ein, die Vorfluthverhältnisse des Flußbettes für künstliche Zuleitungen zu erweitern. Dagegen tritt die Verpflichtung, zur Beschaffung ausreichender Vorfluth zu räumen, nicht nur zu Gunsten öffentlicher, sondern auch zu Gunsten privater Interessen ein. Ebenso kann die Ausführung der Räumung nicht nur dann gefordert werden, wenn die Cultur des Bodens dies erheischt, sondern auch dann, wenn gewerbliche Anlagen unter dem Mangel an Vorfluth leiden. Sind in Folge von Aenderungen in den Vorfluthsverhältnissen der Privatflüsse oder auf andere Weise neue Anordnungen erforderlich, so können diese nur durch Ausführungs-Anweisungen in der Form Kaiserlicher Verordnungen getroffen werden. Die Bestimmung ist sehr umständlich, und es möchte daher in dieser Beziehung die Gesetzgebung ein einfacheres Verfahren eintreten lassen. — Die Verpflichtung zur Räumung richtet sich zunächst nach den darüber bestimmenden, besonderen Rechtstiteln, Vertrag, Verjährung oder rechtskräftigen Erkenntnissen. Alsdann treten die älteren Ordnungen und Gewohnheiten ein. Erst in Ermangelung auch solcher Rechtsnormen sind diejenigen zur Räumung verpflichtet, welche an dem freien Abfluß des Wassers ein Interesse haben, und zwar nach Verhältniß dieses Interesses. Insofern sind in der Regel die Uferbesitzer nach Maßgabe der Länge der ihnen zugehörigen Uferstrecken und bis zur Mitte des Flußbettes gehalten, der Räumung sich zu unterziehen. Wo Triebwerke in den Privatflüssen liegen, sind gewöhnlich die Triebwerksbesitzer die Räumungspflichtigen, soweit der Rückstau eines Triebwerkes reicht, zur vollen Breite des Flußbettes. Entstehen bei alsbald erforderlicher Räumung über die Verpflichtung Streitigkeiten und liegt ein klarer Besitzstand darüber nicht vor, so fällt die Räumungslast vorläufig auf den Uferbesitz zurück [1]).

Art. 644 u. 645 des bürgerlichen Gesetzbuches stellen die Benutzungsrechte des Wassers an den Privatwasserläufen fest. Die Dienstbarkeit bei der Benutzung des Flußwassers besteht in der Verpflichtung des Eigenthümers, der sich eines über sein Grundstück fließenden Wassers bedient, demselben, wo es aus dem Grundstück heraustritt, seinen freien Lauf wieder zu verschaffen; z. B. wenn es mittelst Gräben in die Wiesen zur Bewässerung geleitet ist, müssen diese Gräben wieder in den Fluß hinein geleitet werden, damit derselbe seinen gewöhnlichen Lauf wieder erhalte. Zu bemerken ist, daß dieses Benutzungsrecht eines vorbei- oder durchfließenden Wassers nicht an solchen Flüssen stattfindet, die zum Staatseigenthume gehören; daß sofern sich ein Streit zwischen den anliegenden Eigenthümern, welchen ein solcher Fluß nützlich sein kann, erhebt, die Gerichte bei ihren Erkenntnissen das Interesse des Ackerbaues mit der dem Eigenthum schuldigen Achtung zu vereinigen suchen sollen; daß endlich über den Lauf und die Benutzung des Wassers und deren Entscheidung vorzüglich die Gewohnheiten und die Lokalverordnungen des Orts zu Rathe gezogen werden sollen [2]). Die besonderen Nutzungen, zu welchen neben dem gemeinen Gebrauche das Wasser der Privatwasserläufe verwendet werden kann, hat das Recht zunächst an den Uferbesitz geknüpft. Ein jeder Uferbesitzer ist, soweit sein Ufer reicht, berechtigt, das vorüberfließende Wasser ausschließlich und in vollem Maß — gleichviel wieweit in das Land dessen Grundstücke vom Flusse aus sich erstrecken — zu Gunsten seiner Besitzungen auszubeuten. Seine Befugnisse sind aber auch unbedingt an den Besitz des Ufers gebunden. Ihm steht über dieselben keine Verfügung zu Gunsten anderer Besitzer und anderer Grund-

[1]) B. G. B. Art. 640. 666. 669. G. v. 4/V. 1803. B. v. 9/III. 1798. Nieberding S. 61 2c. Ducrocq § 506.

[2]) Spangenberg § 386. Döhl S. 18.

stücke zu. Nur zugleich mit seinem Uferbesitze können sie an andere Personen übergehen. Doch kann er sich mit seinem Ufernachbar über die Ausübung der Wassernutzung verständigen. Er kann den Wasserschatz sowohl im Interesse der Bodencultur als für gewerbliche Unternehmungen verwenden. Die Schranken der gewöhnlichen Nutzungsbefugnisse sind in beiden Fällen dieselben, nur in einzelnen Beziehungen hat das Gesetz jenem Zwecke vor diesen Begünstigungen zu Theil werden lassen. Das gesetzliche Recht der Wassernutzung ist in gewissen Grenzen stets mit einem Verbrauche und einer Kraftverminderung des Wassers selbst verbunden, und der Uferbesitzer hat daher andern Uferbesitzern gegenüber weder für die Beeinträchtigung noch für die Verschlechterung des Wassers einzustehen. Dagegen ist dem Uferbesitzer eine jede Art der Wassernutzung untersagt, welche zu einem unzulässigen Eingriff in fremdes Eigenthum überhaupt und insbesondere in fremde Nutzungsrechte an dem Flußwasser den Anlaß geben würde. Die allgemeinen rechtlichen Schranken der gesetzlichen Wassernutzung sind theils zum Schutze anderer Besitzer überhaupt, theils zum Schutze der an dem Wasser liegenden Triebwerke, theils endlich für die Interessen des öffentlichen Wohles durch das Gesetz angeordnet und werden betreffenden Orts behandelt werden.[1]) Die Gesetzgebung hat dabei den Verwaltungsbehörden eine ausgedehnte Befugniß eingeräumt, Wasserordnungen zu erlassen.[2]) Das fließende Wasser ist zu möglichst ausgedehnter, allgemeiner Benutzung bestimmt. Weiter als der Berechtigte das Wasser selbst nutzbar zu machen im Stande ist, kann ihm die Befugniß, einer anderweitigen Benutzung entgegenzutreten, nicht zugesprochen werden. Häufig ist der Eigenthümer des den Fluß begrenzenden Grundstückes durch die Lage desselben überhaupt außer Stand gesetzt, das Wasser zu benutzen; in anderen Fällen übersteigt die vorhandene Wassermasse bei weitem die Grenze des ihm möglichen Gebrauches. Wenn nun auch die Gesetzgebung ein Sondereigenthum anerkennt, solches insbesondere der Regel nach den Ufereigenthümern zuspricht, so steht doch der Verwaltung die Befugniß zu, den Ueberschuß des Wassers, welcher nach Befriedigung des

[1]) Nieberding S. 133.
[2]) Dufour p. 304 u. 305.

Gebrauchsbedürfnisses der Berechtigten verfügbar bleibt, anderen zuzutheilen. Die sonst an strengen Grundsätzen festhaltende französische Gesetzgebung macht zur Aufgabe der Verwaltung: de diriger toutes les eaux vers un but d'utilité générale d'après les principes de l'irrigation.[1]) Alle neueren Gesetzgebungen stimmen dem bei.[2]) Die Gesetze v. 29/IV. 1845 u. 11/VII. 1847 beschränken sich auf weniger eingreifende Maßregeln.

Die Befugniß des Uferbesitzers zur Wassernutzung stellt das Gesetz als Regel hin; diese ist aber keine unbedingte, sondern es gehen die durch das provinziale und lokale Recht begründeten anderweitigen Berechtigungen auf die Nutzung des Wassers dem Rechte des Uferbesitzers vor. Beide müssen zurücktreten, wo besondere Rechtstitel ein abweichendes Nutzungsrecht begründen.

Der Uferbesitzer an Privatwasserläufen hat die in Art. 556. 557. 559. 562 u. 563 des bürgerlichen Gesetzbuches bestimmten Rechte auf Alluvionen, Avulsionen, ꝛc. in derselben Weise, wie der an öffentlichen Gewässern liegende. Die Inseln gehören dem Eigenthümmer desjenigen Ufergrundstücks, auf dessen Seite sich die Insel gebildet hat. Andernfalls bemißt sich der Antheil für die Eigenthümer der beiderseitigen Ufergrundstücke nach Maßgabe einer durch die Mitte des Wasserlaufs gezogenen Linie [3]).

Endlich ist noch das Recht auf die Fischerei in den Privatwasserläufen zu erwähnen, und indem wir auf die Gesetze v. 15/IV. 1829 und 31/V. 1865, auf das kaiserliche Decret v. 25/I. 1868 und auf den Erlaß des Oberpräsidenten von Elsaß-Lothringen v. 25/I. 1876 II. 281 über die Fischerei verweisen, theilen wir das von dem Kaiser genehmigte Gutachten des Staatsraths vom 16—19/II 1805, seiner Begründung wegen, vollständig mit:

„Der Staatsrath ꝛc. nach Anhörung des Berichtes ꝛc. über die Frage, ob das Recht der Fischerei in den nicht schiffbaren Flüssen den Eigenthümern, welche an den Ufern Grundstücke besitzen, oder den Gemeinden zugehöre;

[1]) Instr. v. 12—20/VIII. 1790. V. v. 13./IV. 1861.
[2]) Pözl S. 209 u. 210 Bayer'sche Kammer-Verh. v. 1846.
[3]) B. G. B. Art. 561. Chardon 303.

In Erwägung: 1) Daß die Fischerei in nicht schiffbaren Flüssen ehemals einen Theil der Feudalrechte ausmachte, weil sie in Frankreich entweder dem Herrn, der die Gerichtsbarkeit hatte, oder dem Lehnsherrn vorbehalten war;

2) Daß die Abschaffung der Feudalität nicht zum Vortheile der Gemeinden sondern zum Vortheile der Vasallen geschehen ist, die in ihren Personen und in ihren Besitzungen frei geworden sind;

3) Daß die Eigenthümer der an den Ufern gelegenen Grundstücke allen nachtheiligen Folgen ausgesetzt sind, welche das Angrenzen an nicht schiffbare Flüsse nach sich zieht, (deren äußerstes Ufer die Gesetze ohnehin nicht zu einem öffentlichen Gebrauche bestimmt haben); daß die Gesetze und Beschlüsse der Regierung sie verbinden, die Kosten der Reinigung und Unterhaltung dieser Flüsse zu tragen, und daß nach den Grundsätzen der natürlichen Billigkeit derjenige, der die Lasten trägt, auch der Vortheile theilhaftig werden muß;

4) Endlich, daß, wenn man den Gemeinden das Recht der Fischerei in nicht schiffbaren Flüssen einräumte, das Eigenthum der Privatpersonen mit einer Dienstbarkeit belegt würde, und daß diese Dienstbarkeit zu Folge des Civilgesetzbuchs nicht besteht;

Ist der Meinung, daß das Recht der Fischerei in nicht schiffbaren Flüssen in keinem Falle den Gemeinden zugehören kann; daß die Eigenthümer der am Ufer gelegenen Grundstücke desselben genießen müssen, daß sie jedoch dieses Recht nur unter der Beobachtung der Allgemeinen und und Lokalverordnungen über die Fischerei ausüben dürfen, und es nicht behalten können, wenn in der Folge ein Fluß, der jetzt für unschiffbar gehalten wird, schiffbar werden sollte; und daß folglich alle Verfügungen der Verwaltungsbehörden, wodurch Gemeinden in den Besitz dieses Rechtes eingesetzt worden sind, für nichtig erklärt werden müssen.

S. §§ 30—34.

3. Triftgewässer.

Die Triftgewässer sind jene Flüsse und Bäche, welche der Flößerei mit unverbundenen Holzstücken, (Bloch- und Scheitholz) in der Weise dienen, daß die einzelnen losen Holzstücke in den Fluß geworfen und dem natürlichen

Gefälle des Wassers zur Abwärtsführung bis zu einer bestimmten Stelle überlassen werden. Dieselben sind unter Art. 538 B. G. B. nicht einbegriffen und gehören nicht zum öffentlichen Staatsgut [1]). Die französische Gesetzgebung behandelt diese Gewässer kärglich. Nach dem Gesetze vom December 1672 ist Jedermann das Recht zu triften unbedingt gestattet. Diese Bestimmung steht mit den heutigen Anschauungen über das Oberaufsichtsrecht des Staats im Widerspruche. In öffentlichen Flüssen kann entschieden nicht mit ungebundenem Holze geflößt werden. Aber auch für Privatflüsse ist eine so unbegrenzte und tief eingreifende Beschränkung des Eigenthums zu Gunsten Dritter widersinnig, da ebensowohl hierfür die öffentliche Staatsgewalt im gemeinen Interessen besteht, welches in dem vorliegenden Fall wesentlich geschädigt werden kann. Die französischen Schriftsteller streiten darüber: Broudhon III. 1198 2c. spricht für das unbedingte Recht, Daviel 317 wider. Der Appelhof in Colmar hat unterm 6. Februar 1839 dahin entschieden, daß die Trift auf Gewässern, die nicht zum öffentlichen Staatsgut gehören, nicht ausgeübt werden könne, wenn nicht die Erlaubniß Seitens des Staatsoberhaupts ertheilt und zugleich die Art und Weise der Ausführung bestimmt sei; die Befugniß zur Ausführung der Trift sei endlich nicht Ausfluß des gemeinen Rechtes und könne nicht schon deßhalb auf einem Bache ausgeübt werden, weil dieser hierzu geeignet sei. — Die Staatsregierung hat hiernach zu verfügen, ob und wie die Trift als ein Unternehmen im öffentlichen Nutzen erklärt wird, und es bleibt derselben vorbehalten, zur Regelung und Leitung der Flößerei Triftordnungen zu erlassen, insbesondere auch die Entschädigungen der Ufereigenthümer und der Wasserberechtigten festzusetzen, in letzterer Beziehung eventuell durch Zwangabtretung. So wie für Privatgewässer die Staatsregierung berechtigt ist, Flußregulative vorzuschreiben, so ist sie auch befugt, für die Ausübung der Flößerei Triftordnungen zu erlassen. Für das Triftwesen ist dabei namentlich zu beobachten, daß die Flößerei bei Hochwasser außer der Vegetationszeit vom Spätherbst bis zum Frühjahr, in der Regel vom 10. October bis zum 1. Mai

[1]) Ges. v. 15/IV. 1829, Art. 2. V. v. 10/VII. 1835.

ausgeübt und daß die Verbindlichkeiten der Ufereigenthümer und der Wasserberechtigten einerseits und der Flößer andererseits festgestellt werde.

Wo das Triftrecht auf Grund von Lokalstatuten, Herkommen, besonderem Rechtstitel oder Verjährung einer bestimmten (juristischen) Person ausschließlich zukommt, da gelten die bestehenden Rechte; im Zweifel steht unter obiger Voraussetzung Jedem das Recht zu.

Die Beförderung des Holzes auf dem Flusse ist nur möglich, wenn der Triftberechtigte in der Lage ist, die Ufer zum Zwecke des Einwerfens und der Fortbewegung der Floßhölzer zu betreten, und dem gemäß ist eine gesetzliche Dienstbarkeit für die Eigenthümer der Ufer eines Triftgewässers, Flößerpfad, festgestellt [1]).

Obschon das Flößerrecht in Elsaß-Lothringen wenig in Ausführung gebracht wird und bei den ausgezeichneten Verbindungswegen mehr und mehr in den Hintergrund unserer volkswirthschaftlichen Berechnungen tritt, so erweist doch die thatsächliche Anwendung desselben sich wenigstens zur Zeit noch in gewissen Fällen für den allgemeinen Verkehr als nützlich, und es ist deßhalb zweckmäßig, daß auch in Bezug auf das Flößereiwesen die Lücke in der Gesetzgebung vervollständigt werde.

S. §§ 35—36.

B. Die künstlichen Wasserwerke nebst Ent- und Bewässerung der Grundstücke.

I. Der Wasserstau.

Unter Wasserstau werden alle Vorrichtungen und Handlungen verstanden, die den freien Lauf des Wassers dauernd oder zeitweilig hemmen, beschränken oder stören, es sei auf welche Art es wolle.

In öffentlichen Flüssen sind alle Handlungen, welche der Schiff- oder Floßfahrt Nachtheil bringen oder Eintrag thun können, an sich unerlaubt [2]). Die Anlage

[1]) G. v. 3/I. 1797, Art. 3.
[2]) V. v. August 1669, Art. 42.

von Stauwerken ist dem Staate vorbehalten,[1]) sie können von ihm nicht nur im polizeilichen, sondern auch im fiskalischen Interesse errichtet werden. Nur besondere Rechtsgründe können auch privaten Besitzern in diesen Gewässern Staubefugnisse verleihen.[2]) Bei der Ausübung der polizeilichen Befugnisse ist der Staat an keine Schranken gebunden. Alle Privatrechte müssen den im öffentlichen Interesse, namentlich auch im Interesse der Schifffahrt geübten Rechten des Staats gegen gerechte Entschädigung weichen.[3]) Wenn aber die Bauten im Flusse nicht nur keinen Nachtheil, sondern vielmehr erhebliche Vortheile zur Folge haben, die den Eigenthümern des Ufers oder der Wasserwerke zu Theil werden, so räumt das Gesetz v. 16/IX. 1807 in Art. 30 dem Staate das Recht ein, von den Privaten, denen die Werthерhöhung zu Gute kommt, eine Vergütung zu beanspruchen, die sich bis zu dem Betrage der Hälfte der aus dem Unternehmen erwachsenen Vortheile erheben kann.[4]) Sofern nun die Einrichtung im fiskalischen Interesse erfolgt, gehen die Schranken weiter. Zunächst bedingt die Floß- und Schifffahrt eine Grenze. Alsdann legt Art. 1382 des bürgerl. Gesetzb. dem Fiskus die Verpflichtung auf, davon keinen Gebrauch zu machen, z. B. den Stau nicht so hoch zu spannen, daß das Wasser unmittelbar auf fremde Ländereien tritt. — Dasselbe gilt von Aenderungen der bestehenden Stauanlagen, sobald sie eine Erweiterung des Staues zum Zwecke haben. Dagegen ist die Beschränkung oder Beseitigung bestehender Stauanlagen im Allgemeinen unbenommen, ohne Rücksicht darauf, daß etwa anderen Besitzern dadurch Nachtheile erwachsen, weil diese Anlagen ihrer Domänial-Eigenschaft halber verjährungsfrei sind, und daher für Dritte niemals ein dauerndes Recht begründen. Doch sind hiervon solche Anlagen, welche vor dem I/IV. 1566 bestanden, ausgenommen. Diese können nur gegen Entschädigung beseitigt werden[5]). Die Zulässigkeit

[1]) B. G. B. Art. 538. G. v. 16/IX. 1807 § 41. Rönne § 469.
[2]) V. v. 1669, Art. 42. 43. Edikt v. 1683. G. v. 9/III. 1798.
[3]) B. G. B. Art. 545.
[4]) Dufour p. 205.
[5]) Edikt v. August 1683 u. v. Februar 1566.

einer Stauanlage in öffentlichen Flüssen für Private ist von der staatlichen Prüfung und Genehmigung abhängig gemacht. In den Genehmigungs-Urkunden für gewerbliche Anlagen kann eine dem Werth der Triebkraft entsprechende Abgabe an den Fiskus ausbedungen werden. [1])

Stauanlagen dürfen in öffentlichen Flüssen für Private nur errichtet werden: mit Ermächtigung des Staatsoberhauptes, unter dem Titel der Duldung und unter der Bedingung, daß die freie Ausübung der Schifffahrt in keiner Weise gestört wird. Verfügungen der Staatsregierung im Interesse der Schifffahrt, des Handels und der Industrie berechtigen unter keinen Umständen zu Schadensersatz. Die Nichterfüllung der gestellten Bedingungen oder die Veränderung einer Anlage ohne vorherige Ermächtigung hat die Zurücknahme der Concession und die Wiederherstellung in den früheren Zustand auf Kosten des Concessionärs zur Folge. Der Bezirkspräsident ist befugt, die Aenderung und Beseitigung der die Schifffahrt störenden Anlagen, vorbehaltlich der Berufung, jederzeit zu verfügen; ein Anspruch auf Entschädigung steht den Eigenthümern nur dann zu, sofern das Werk eine gesetzliche Existenz hat oder der Titel der Errichtung nicht den Anspruch auf Entschädigung ausschließt. [2])

In den Privatflüssen hat das Ruralgesetz v. 6/X. 1791 seiner Zeit den Bedürfnissen über Stauanlagen entsprochen. Dasselbe ist gleichwol seit seinem nunmehr 86jährigen Bestehen nicht zu derjenigen Geltung gelangt, welche man nach der Bedeutung seines Gegenstandes und nach dem eingetretenen Aufschwunge der Bodenkultur und Industrie mit einigem Rechte erwarten sollte. Die Gesetze v. 23/I. 1798. 18/V. 1802. 3/I. 1803 und folgende wiederholten und erweiterten die ertheilten Bestimmungen, aber auch damit verblieben an der Gesetzgebung die Mängel, welche ebenso bei den Grund- und Staubesitzern, wie bei den Behörden die Neigung zu deren Anwendung abgeschwächt haben.

Das Gesetz vom 15—28/III. 1790 hob die grundherr-

[1]) G. v. 16/VII. 1840, Art. 8.

[2]) G. v. 9/III. 1798. 22/XII. 1789—8/I. 1790. 12—20/VIII. 1790. 16/IX. 1807. Art. 48. Dufour IV. 371.

lichen Rechte an den nicht schiffbaren Flüssen, als droits féodaux, auf, und schaffte zugleich alle Bann- und Provinzialrechte ab; es fehlte mithin gänzlich an einer gesetzlichen Norm wegen der gedachten Flüsse. Die Aufsicht auf die Gewässer wurde allerdings den Behörden des Staats übertragen, selbst die Ertheilung der Erlaubniß zur Anlegung von Triebwerken und Stauerrichtungen diesen zugewiesen; [1]) gleichwohl entstanden manche Zweifel und

[1]) Gesetz v. 6/X. 1791 II. 16. Instr. v. 6/VIII. 1791. Instr. in Gesetzesform v. 12—20/VIII. 1790 zur Ausf. d. Ges. v. 22/XII. 1789—8/I. 1790. — V. d. Direktoriums v. 9/III. 1798, betr. Maßregeln zur Wahrung des freien Laufes der Flüsse und schiff- und flößbaren Kanäle. Das Direktorium verordnet was folgt:

Art. 4. „Die Bezirksverwaltungen haben ein besonderes Verzeichniß von allen Fabriken, Mühlen, Dammstraßen, 2c. aufzustellen, welche als der Schifffahrt, dem freien Laufe der Wasser, der Entwässerung oder der Bewässerung der Ländereien nachtheilig erkannt sind, deren Eigenthumsrecht aber auf Titel gegründet ist.“

Art. 5. „Sie haben anzuordnen, daß diejenigen unter diesen Anlagen, deren Eigenthumsrecht nicht auf Titeln oder nur auf feudalen Verleihungen, die nicht mehr gelten, beruht, in einer Frist von einem Monat beseitigt werden.“

Art. 6. „Die im vorhergehenden Artikel festgesetzte Frist kann um die zwei darauf folgenden Monate verlängert werden, nach deren Ablauf, den Fall eines unüberwindlichen Hindernisses ausgenommen, die fraglichen Anlagen, wenn sie der Eigenthümer nicht schon beseitigt hat, auf seine Kosten von den Bezirksverwaltungen auf Veranlassung des bei einer jeden derselben fungirenden Kommissars beseitigt werden.“

Art. 7. „Indessen dürfen die Bezirksverwaltungen die Beseitigung der Fischdämme, Mühlen und Triebwerke nicht anordnen, ohne einen Monat zuvor die Verwaltungen der unterhalb und oberhalb an denselben Flüssen liegenden Bezirke davon benachrichtigt zu haben, damit letztere ihre Maßregeln darnach nehmen können.“

Art. 8. „Die Verwaltungen der ober- und unterhalb liegenden Bezirke, welchen die Beseitigung jener Anlagen Grund zu Besorgnissen giebt, erstatten darüber sofort dem Minister des Innern Anzeige, welcher, je nach den Verhältnissen, die Ausführung der Verordnung aussetzen kann.“

Art. 9. „Den Bezirks- und Gemeinde-Verwaltungen und den bei denselben bestellten Kommissaren des Direktoriums liegt es ob, darüber zu wachen, daß in Zukunft keine Brücke, kein

Unsicherheiten in der Behandlung der Sache, welche der allgemeinen Nutzbarmachung der Gewässer große Schwierigkeiten entgegenstellten. Das B. G. B. Art. 644 u. 645 behandelt in der Benutzung der Privatflüsse die natürlichen Dienstbarkeiten. Klare Bestimmungen über das Eigenthum und die Nutzungen der Privatflüsse liegen nicht vor. Art. 714 d. B. G. B. führt zu der Annahme, daß der Fall des Wassers zu den Sachen gehöre, welche in Niemandes Eigenthum stehen und deren Genuß Allen gemeinsam sei und durch die Polizeigesetze geregelt werde. Der Cassationshof und der Staatsrath haben übereinstimmend eine solche Entscheidung getroffen. Damit wurden allerdings den privatrechtlichen Verfügungen Schranken gesetzt, in der Sache aber keine gesetzliche Grundlage ge-

---

fester oder beweglicher Dammweg, keine Schleuße oder Fabrik, kein Fangdamm, keine Mühle, kein Damm oder irgend ein anderes Hinderniß für den freien Ablauf des Wassers in den schiff- und flößbaren Flüssen, sowie in den Be- oder Entwässerungs-Kanälen geschaffen werde, ohne daß dazu vorher Erlaubniß von Seiten der Bezirksverwaltung, welche ihrerseits dieselbe nur mit besonderer Ermächtigung des Direktoriums ertheilen kann, gegeben ist."

Art. 10. „Diese Behörden haben auch darüber zu wachen, daß Niemand dem Laufe des Wassers der Flüsse und der schiff- oder flößbaren Kanäle eine andere Richtung gebe, noch Ableitungs- oder Wassergraben zur Bewässerung der Grundstücke daran anlege, ohne dazu vorher von der Bezirksverwaltung ermächtigt worden zu sein, und daß keine solche Anlage die dafür festgesetzte Wasserlinie überschreite."

Art. 11. „Da die Eigenthümer von Kanälen, welche zur Ent- oder Bewässerung ihrer Grundstücke dienen, in dieser Hinsicht dieselben Rechte haben als der Staat, so ist es ihnen gestattet, sich an die ordentlichen Gerichte zu wenden, um die Zerstörung aller Fabriken, Schleußen, Fangdämme, Fischwehre, Fischdämme, Dammstraßen, Baumpflanzungen, Netzwehre, Wasserbehälter, Maschinen, Erzwäschen, Viehtränken, Wasserableitungsgraben und im allgemeinen jedes Bauwerks, welches den freien Wasserablauf beeinträchtigt und nicht im Rechte begründet ist, zu erlangen."

Art. 12. „Die Gemeinde-Verwaltungen dürfen kein Bauwerk dieser Art in den den Gemeinden gehörigen Ent- oder Bewässerungs- oder Schifffahrts-Kanälen ohne ausdrückliche vorgängige Genehmigung der Bezirksverwaltung gestatten."

wonnen. Lediglich die Praxis schaffte diesem Uebelstande auf die Weise Abhülfe, daß die öffentliche Verwaltung sich als fürsorgliche, über den einzelnen Interessen stehende Gewalt in's Mittel legte, wie durch die französischen Schriftsteller Daviel, Dufour, Chardon, Demolombe etc. vertreten wird. Dieses thatsächliche Vorgehen fand dergestalt Eingang, daß sogar durch Verordnung vom 13/IV. 1861 der Verwaltung, sofern eine Beeinträchtigung der öffentlichen Interessen abzuwehren ist, eine ausgedehnte Macht in Betreff der Leitung und der Benutzung der Privatflüsse zu Gebote steht. Die Befugnisse sind aber allgemein, ohne leitende Vorschriften, also mehr Willkühr, und mußten um so mehr ihren Zweck verfehlen, da die Nichtregelung der Bestimmungen in den verschiedenen Gesetzen und die in vieler Beziehung abweichenden richterlichen Erkenntnisse ohnehin schon Unsicherheit bereiten.

In der preußischen Rheinprovinz, wo dieselben Gesetze Geltung hatten, wurde dieser Mangel schon im Jahre 1817[1]) anerkannt und abgestellt. Dasselbe geschah in der bayr. Pfalz[2]) und in Baden[3]).

Nur dann kann auch hier die Verwaltung segensreich zum Besten der Bodencultur und Industrie wirken, wenn Anordnungen erlassen werden, welche eines Theils dem verfügbaren Wasser unter Berücksichtigung aller vorliegenden Verhältnisse die möglichst ausgedehnte Nutzbarkeit verschaffen, anderen Theils die entgegenstehenden Hindernisse — in einer mit den bestehenden Rechten der Einzelnen verträglichen Weise — aus dem Wege räumen, mit Rücksicht darauf das Stauwesen regeln und den Wasserstau und die Stauvorrichtungen im öffentlichen und privaten Interesse feststellen und sichern. Es muß dabei die Landwirthschaft mit der Industrie Hand in Hand gehen. Beide Zweige haben gleiche Berechtigung.

Allerdings kann dem Kleinmühlenbetrieb, welcher den strengen wirthschaftlichen Anforderungen der neueren Zeit nicht mehr entspricht, vielerseits schon der Großindustrie

---

[1]) Prov. Verord. v. 25/IV. 1817. Minist. Beschl. v. 20/VII. 1818. Vergl. Oppenhoff S. 227 u. f.

[2]) Ges. v. 28/V. 1852.

[3]) Mühlordn. v. 18/III. 1822.

zum Opfer gefallen ist, nicht die frühere Beachtnng gezollt werden; es ist vielmehr angebracht, daß solche kleine Wassermühlen, mit deren Betrieb nicht mehr vorwärts zu kommen ist, häufig das Aussehen einer Ruine haben, der Landescultur Platz machen, erforderlichenfalls durch die Errichtung von Dampfmühlen ausreichenden Ersatz erhalten. Im Uebrigen muß das gegenseitige Interesse der Bodencultur und der Industrie möglichst vereinigt werden, widrigenfalls nur der überwiegende Nutzen für den einen oder anderen Zweck entscheidend sein kann. Dabei darf, wenn selbst ein älterer Mühlenbesitzer das Wasser des Baches bis zum nächsten Mühlenwerk aufwärts als Eigenthum ohne Rechstitel zu betrachten gewohnt ist,[1]) eine neue Anlage sowohl für landwirthschaftliche wie für industrielle Zwecke nicht gehindert werden, sofern der älteren Anlage durch Verminderung des Wasserstandes ein Abbruch nicht zugefügt wird. Kömmt letzterer Umstand in Frage, so entscheidet das öffentliche oder allgemeine Interesse,[2]) und dieses wird für die Bildung von Wasser-Genossenschaften zum Zwecke einer rationellen Bodencultur gewöhnlich, für ein Gewerbe oder für eine Fabrik — sofern solche nicht wirklichen Verlegenheiten einer Gegend vorbeugen — selten vorliegen. Mit den Stauanlagen für Triebwerke muß zudem häufig das landwirthschaftliche Interesse zusammenstoßen, weil eben der Wasserstau für die anliegenden Grundstücke Nachtheile hervorruft. Im Flachlande mehr, als in Berggegenden. Hier dringt in den Boden das Wasser weniger tief ein, und die allgemeine Abdachung begünstigt nicht das Ansammeln stagnirender Wassermassen. Anders verhält es sich in den Fluththälern der mittleren und kleineren Fluß- und Bachläufe des Flachlandes (Alluvium). Bei ihrer Bildung ist in der Regel das Aufwachsen von unten die Hauptsache gewesen, und Morast häufig ihr Hauptbestandtheil. Ein derartiger Boden hat eine große hygroskopische Kraft, die größte unter allen Erdarten, er saugt sich wie ein Schwamm voller Wasser; die Thalsohle hat in der Regel ein geringes Gefälle, und eine geringe

---

[1]) G. v. 15—28/III. 1790.

[2]) V. v. 13/IV. 1861. Staatsrathsbeschl. v. 26/II. 1863. 19/VI. 1863. 13/III. 1867.

Anstegung des Wasserlaufs genügt, um meilenweit und weit über die Höhe des Wasserspiegels zu versumpfen und viele untere — durch wasserleitende Erdarten verbundene — Oertlichkeiten zu verwässern. Es ist daher wohl angebracht, daß im Flachlande Wasserstandserhöhungen zum Besten der Bodencultur möglichst vermieden werden. Dagegen mag in Berggegenden, wo selten solche Interessen Dritter berührt werden, wie z. B. an Wasserläufen mit steilen festen Ufern und starkem Gefälle ꝛc., die Industrie ihr Feld einnehmen und an Ausdehnung gewinnen.

Alle diese Gesichtspunkte lassen sich nicht präcisiren, sie können nur im einzelnen Falle Beachtung finden.

Bei einer Revision der Gesetze sind die Grundsätze festzustellen, nach welchen die Herstellung, Aenderung oder Beseitigung von Stauanlagen für die verschiedenen Zwecke beurtheilt werden müssen. Eine Vollzugsverordnung kann die einzelnen Verhältnisse in Betracht ziehen, da das Gesetz — um Weitläufigkeit und Undeutlichkeit zu verhüten — nicht so sehr in's Einzelne gehen darf. Dabei scheint es angebracht, daß in dem Gesetze alle Stauanstalten, sowohl für Triebwerke als für Ent- und Bewässerung der Grundstücke und für andere Zwecke, selbst Abflußhindernisse in Betracht gezogen werden, da diese Vorrichtungen oder Handlungen mehr oder weniger gleiche Wirkung auf den freien Wasserlauf, welchen zu reguliren Aufgabe des Gesetzes sein muß, ausüben.

Im Allgemeinen ist noch zu bemerken, daß über unerlaubte, mangelhafte und mißbräuchlich behandelte Stauvorrichtungen Klagen vorliegen. Es ist zwar schon durch Verordnung vom 9/III. 1798 allen Staubesitzern aufgegeben worden, ihre Berechtigungs-Urkunden vorzulegen, und den Verwaltungsbehörden befohlen, alle nicht gehörig autorisirten Anlagen dieser Art ohne Zeitverlust wegräumen zu lassen, allein diesen Vorschriften scheint nicht gehörig Folge gegeben zu sein. Die Stauinhaber halten häufig, ohne Rücksicht auf die für die Nachbarn so schädlichen Folgen, das Wasser zu hoch, ziehen die Schütze gewissenlos und lassen sonstige zweckdienliche Anstalten verfallen. Um diesen Mißbrauche zu steuern, sind angemessene, durch die Lokal-Polizei strenge zu überwachende Vorschriften nothwendig. Eine Vollzugsverordnung muß zugleich Bestimmungen treffen, daß die gegenwärtigen Stauverhältnisse gründlich geregelt und zu dem Zwecke die Stauinhaber verpflichtet werden, daß sie in einem kurzen Zeitraume ihre Concession, soweit diese nicht vorliegen, [1]) in beglaubigter Abschrift bei der Lokalbehörde einreichen. Alsdann ist die etwaige nöthige Aenderung der Stauvorrichtungen und Stauziele anzuordnen.

Im Weiteren steht die Unterscheidung der Privatgewässer, ob nicht geschlossene (gemeinschaftliche) oder geschlossene (Privatgewässer im engeren Sinne), in Frage. Da es sich um öffentliche Verpflichtungen handelt, so kommt das Objekt, auf welches die Verpflichtung sich bezieht, auch in seiner rechtlichen Eigenschaft in Betracht.

Die aufgezählten geschlossenen Gewässer befinden sich nun dergestalt im völligen und alleinigen Eigenthume eines Privatmannes, daß dieser — unbeschadet wohlerworbener Rechte dritter [2]) und des öffentlichen Interesses — sie uneingeschränkt benutzen und ableiten, und überhaupt damit nach freier Willkühr schalten und walten kann, ohne auf das Interesse eines Anderen Rücksicht zu nehmen. [3])

Die nicht geschlossenen Gewässer sind dem Eigenthumsrechte nicht unterworfen; an dem Elemente des Wassers steht bei ihnen an und für sich Niemanden das Eigenthumsrecht zu. [4]) In dem unveränderlichen gemeinen Gebrauche an denselben und in den dem Staate darüber zustehenden hoheitsrechtlichen Befugnissen beruht ihre rechtliche Natur. Die Wissenschaft hat denn auch wohl jetzt allgemein die herrschende Grundanschauung zu einer gewissen Geltung gebracht und fruchtbar gemacht, daß in fraglicher Beziehung am fließenden Wasser ein ganz ausschließlicher und unbeschränkter Privatbesitz Einzelner nicht stattfinde, dasselbe vielmehr von dem möglichst weiten Kreise von Interessenten so vollständig als möglich auszunutzen, und daß zur Sicherung dieser Bestimmung sein Gebrauch unter polizeilichen Einfluß zu stellen sei. [5])

---

[1]) Nach Verordnung des Bezirkspräsidenten des Unterelsaß v. 2/V. 1847 ist bereits damit vorgegangen.

[2]) Art. 643 des B. G. B.

[3]) Art. 641. d. B. G. B.

[4]) Art. 644 u. 645 Demolombe XI. § 159 ꝛc.

[5]) Turban S. 57.

Art. 42 d. V. v. 1669 und Art. 9. d. V. v. 9/III. 1798 bezeichnen die Stauanlagen und andere Handlungen, welche den freien Lauf des Wassers beschränken. Gewöhnlich werden nur die Stauanlagen zum Behufe von Wassertriebwerken in Betracht gezogen, allein alle Stauanlagen, sie mögen einen Zweck haben, welchen sie wollen, sind immer Störungen der natürlichen Wasserverhältnisse, und als solche der wasserbaupolizeilichen Prüfung nicht zu entziehen [1]) T. II. Art. 15 d. G. v. 6/X. 1891 stellt zunächst den Grundsatz auf, daß Niemand das Grundstück seines Nachbarn überschwemmen, noch diesem mit Willen Wasser in schädlicher Weise zuleiten darf; in Art. 16 werden alsdann in dieser Beziehung als schädlich bezeichnet: Mühlen und Werke. Wenn nun auch der Gesetzgeber unter dem Ausdrucke „Werke" nur solche Stauvorrichtungen verstanden hat, welche zu gewerblichen Anlagen dienen, [2]) so ist doch offenbar nach dem angeführten Grundsatze jede Stauung des Wassers verboten, sofern sie überhaupt in irgend einer Art für fremde Besitzer mit Nachtheil verknüpft ist. Daher sind Stauanlagen jeder Art nur in dem Umfange und in der Einrichtung zulässig, daß die Interessen der Vorfluth dadurch nicht beeinträchtigt werden. [3]) Die neuere Gesetzgebung hat dieser Ansicht Ausdruck gegeben, insbesondere bezieht sich d. V. v. 13/IV. 1861 nicht nur auf Stauanlagen für Mühlen und Triebwerke, sondern auch für andere Zwecke.

Abänderungen bestehender Stauanlagen, sofern sie eine Erweiterung des Staues zum Zweck haben und eine Veränderung des Wasserstandes nach sich ziehen, unterliegen denselben Voraussetzungen, wie die Errichtung neuer Stauwerke. Die Beschränkung oder Beseitigung bestehender Stauwerke kann nur rücksichtlich der Regelung der Abflußverhältnisse in Frage kommen.

Nach den Gesetzen, namentlich nach den Bestimmungen d. V. v. 13/IV. 1861 wird zu allen Stauanlagen die vorgängige Genehmigung gefordert. Dieselbe gereicht aber da, wo sie nicht nöthig ist, nur zu Belästigungen. Sie könnte deßhalb auf Stauanlagen für Wassertriebwerke beschränkt

---

[1]) G. v. 4/V. 1803.

[2]) Oppenhof S. 227 f.

[3]) G. v. 16/IX. 1807. Art. 33. G. v. 4/V. 1803. V. v. 9/III. 1798. Lette und v. Ronne S. 646. Scheele § 7.

werden, weil lediglich diese im öffentlichen Interesse einer sorgfältigen Prüfung bedürfen, und, wenn ohne solche vorgenommen, große Unzuträglichkeiten veranlassen. Dagegen würde in allen andern Fällen eine Kenntnißnahme mit Verbots- oder Beschränkungs-Befugniß genügen.

Bei der Genehmigung soll ausdrücklich nur das öffentliche Interesse in Betracht gezogen werden. [1]) Man muß es als Sache einer vernünftigen Gesetzesausübung ansehen, den unbestimmten Begriff des öffentlichen Interesses in seiner Anwendung auf den einzelnen Fall näher zu erwägen und festzustellen.

Die Befugniß zur Ertheilung der Genehmigung ist den Bezirkspräsidenten übertragen. [2])

Das Verfahren zur Erlangung der Genehmigung ist durch das Ministerialcircular vom 23/X. 1851 [3]) wie folgt bestimmt: Der begründete Antrag muß bei dem Bezirkspräsidenten eingereicht werden. Dieser überweist dasselbe dem Bürgermeister der Gemeinde, in deren Bann das Werk errichtet werden soll. Der Bürgermeister läßt den Antrag durch Anschlag an der Hauptthür des Gemeindehauses während 20 aufeinanderfolgenden Tagen bekannt machen, um alle Betheiligte in den Stand zu setzen, ihre Einreden abzugeben. Nach Ablauf des 23. Tages von dem Anschlage an muß der Bürgermeister ein Protokoll unter Erwähnung und Beifüguug der Einreden, welche auf dem Bürgermeisteramt abgegeben wurden, aufnehmen, auch darin die Einsprüche bemerken, welche die Besitzer der an das Wasser grenzenden Grundstücke oder sonstige Betheiligte gemacht haben. Wenn keine Einsprachen erhoben wurden, bestätigt er, daß ihm solche während der Anschlagsfrist nicht zugekommen sind. Er gibt in dem Protokolle sein persönliches Gutachten ab und fügt gegebenen Falls das des Gemeinderaths bei; diese Gutachten dürfen niemals abgegeben werden, bevor der Bürgermeister sich mit dem Antragsteller und den anderen Betheiligten an Ort und Stelle begeben und die Ansichten derselben angehört hat. Das Protokoll dieser ersten Vorverhandlung ist dem Kreisdirector

[1]) V. v. 13/IV. 1861. Staatsr. 26/II. 1863. 19/VI. 1863. 13/III. 1867.

[2]) Decr. v. 25/III. 1852, v. 13/IV. 1861. D. 3. u. 4. G. v. 30/XII. 1871 § 11.

[3]) Der Instr. v. 6/VIII. 1798 u. Circ. v. 16/XI. 1834.

einzusenden, welcher es mit seinen etwaigen Bemerkungen dem Bezirkspräsidenten vorlegt. Die Acten werden sodann durch den Baurath dem Bezirksingenieur übermittelt, welcher zur Ortsbesichtigung und Instruction des Antrages zu schreiten hat. Der Ingenieur setzt den Bürgermeister von dem Tage und der Stunde seines Eintreffens in Kenntniß; seine Untersuchungen haben sich im allgemeinen Interesse auf alle Aenderungen, welche die beabsichtigte Anlage hervorbringen kann, zu erstrecken. Er hat stets ein Protokoll zu errichten und in demselben der ihm etwa gemachten Bemerkungen zu erwähnen. Nach Beendigung dieser zweiten Verhandlung visirt der Ingenieur den dem Antrage beigefügten Plan oder lässt, falls keiner eingereicht wurde, einen solchen aufstellen; sodann gibt er sein Gutachten ab, welches sowohl die gegenwärtige Beschaffenheit des Ortes genau und ausführlich darthun als sich über alle Umstände der Sache und die allgemeinen und besonderen bei der Ertheilung der Erlaubniß aufzustellenden Bedingungen verbreiten muß; er sendet dasselbe dem Baurath ein, welcher selbst über die von dem Ingenieur gemachten Vorschläge ein Gutachten abzugeben hat. Die Acten werden sodann nochmals dem Bürgermeisteramt übersandt, welcher sie 14 Tage lang behält, damit eine neue Verhandlung über die Vorschläge der Ingenieure eröffnet und sämmtlichen Betheiligten Gelegenheit zur Aeußerung gegeben wird. Hierauf erfolgt die Entscheidung durch den Bezirkspräsidenten, gegen welche nach Art. 6 des Decrets vom 25/III. 1852, § 6 Nr. 2 des Gesetzes vom 30/XII. 1871, die Organisation der Verwaltung betr., und der Bekanntmachung des Reichskanzlers vom 29/I. 1872, die Berufung an den Oberpräsidenten den Betheiligten offen steht.

Es liegt im Interesse des Antragstellers, eine Beschreibung der Anlage nebst Plan dem Antrage anzuschließen. Wer eine Anlage machen will, der muß sich im Allgemeinen wenigstens darüber klar sein, was gemacht, was beantragt werden soll. Findet die Behörde den Plan in der einen oder andern Beziehung noch der Erläuterung oder Vervollständigung bedürftig, so kann sie das Nöthige vor Weiterem veranlassen, und muß in allen Fällen dafür sorgen, daß das Verfahren nicht begonnen wird, bevor nicht übersichtlich vorliegt, was denn eigentlich gemacht werden soll. Daß unter Umständen eine weitere Einwirkung bei der Ausführung vorbehalten werden muß, liegt auf der Hand, weil namentlich bei größeren Anlagen der Plan nicht so umständlich sein wird, daß nicht bei der Ausführung diese oder jene, auch im öffentlichen Interesse beachtenswerthe, Abweichung noch möglich wäre. Es ist zunächst darauf zu achten, daß die Anlage nicht zum Nachtheil der Grundbesitzer und der Stauberechtigten, die im Flußbereiche liegen, ausgedehnt wird. Alsdann ist aber auch thunlichst darauf zu sehen, daß die übrigen Betheiligten denjenigen Vortheil vom Wasser ziehen können, der unbeschadet des Unternehmens möglich ist, und daß deßhalb der Wasserbau einer Mühle rc. kunstgemäß geschieht, insbesondere die größtmöglichste Wirkung auf die Bewegung des Werks hervorgebracht, und gleichzeitig dem Wasser der möglichst freie Lauf gelassen wird. Solche Gesichtspunkte treten häufig auf und können zu sehr nützlichen Bedingungen führen.

Die äußerliche Bestimmung der zulässigen Stauhöhe ist zwar nicht durch Gesetz ausdrücklich geregelt, jedoch wird durch die Instruction vom 23/X. 1851 in den Concessionsbedingungen die Setzung eines Aichpfahls (Pegels) vorgeschrieben. Dieser soll nach der im Bezirke üblichen Form angefertigt und nahe bei dem Werk an einem von allen Betheiligten vollkommen wahrnehmbaren Punkte angebracht werden. Der Zutritt auf das Eigenthum des Staubesitzers behufs Controlirung des Staues ist zwar den berechtigten Beamten, nicht aber den betheiligten Privaten zu gestatten, da dies ein Eingriff in das Eigenthum wäre. Die Erneuerung eines verfallenen oder beschädigen Aichpfahls ist eine einfache Verwaltungshandlung, welche ohne vorgängige Instruction angeordnet und contradictorisch mit den Betheiligten vorgenommen werden kann.

Das Stauziel in Verbindung mit dem Fachbaum zeigt die zuständige Wasserhöhe an. Während der Fachbaum an der Wassersohle angebracht ist, also die Linie bildet, von welcher aus die Tiefe bzw. Höhe des Wassers gemessen wird, ist das Stauziel der Maßstab des Wasserstandes. In verschiedenen deutschen Staaten, z. B. in Bayern, Sachsen-Weimar rc., ist das Verfahren bei Setzung des Stauziels durch besondere Verordnungen geregelt.[1]) Ist bei Stauvorrichtungen ein Höhenmaß nicht nöthig, wie z. B. bei Anlagen mit geringem Aufstau, in Gebirgsgegenden bei starkem Gefälle rc., und werden Interessen Dritter durch den Aufstau nicht berührt, so kann man füglich von der Setzung des Stauzieles absehen.

Das Wasser darf zwar niemals in dem Maße aufgehalten werden, daß es entweder auf fremde Grundstücke zurücktritt und dieselben überschwemmt oder sich dem fremden Boden im Innern mittheilt und dessen Versumpfung veranlaßt; allein man muß auf der andern Seite auch bei der Normirung des Staues den Werth der Bodenfeuchtigkeit nicht unterschätzen. Das Grundwasser, sofern dasselbe nicht sumpft, ist von außerordentlicher Wichtigkeit für die Bodencultur, und bei allen Abflußveränderungen muß der Gesichtspunkt stets darauf gerichtet sein, daß die fremden Grundstücke nicht verwässern, ebensowenig vertrocknen, daß also einerseits Ueberstau verhütet, andererseits das Grundwasser in angemessener Höhe gehalten wird (Aecker 1 Mtr. und Wiesen 0,33 Mtr. unter dem Gelände). Mit Rücksicht darauf ist die Wasserstandshöhe für die nasse und trockene Zeit (Winter und Sommer), erforderlichenfalls auch für die Wässerungszeit dergestalt zu reguliren, daß die verschiedenen Interessen sich vereinigen.

Nachdem der Cassationshof und Staatsrath übereinstimmend entschieden haben, daß das Gefälle des Wassers nicht zum Eigenthum der Uferbesitzer, sondern zu den Sachen gehöre, welche nach Art. 714 B. G. B. in Niemandes Eigenthum stehen und deren Genuß Allen gemeinsam und durch die Polizeigesetze geregelt ist, bewilligt die Verwaltung das ganze Gefälle, welches der Concessionär ohne Schaden für das oberhalb liegende Eigenthum benutzen kann. Die Besitzer der oberhalb liegenden Grundstücke haben deßhalb kein absolutes Recht darauf, daß der durch ein Triebwerk oder Wehr verursachte Aufstau sich längs ihrer Grundstücke nicht bemerkbar mache.

Die Herstellung eines Durchganges für die Fische in dem Wehr, um die Fische nicht an ihrer Wanderung behufs Laichens zu verhindern, kann dem Concessionär als Bedingung im allgemeinen Interesse auferlegt werden.[2])

[1]) Pözl S. 241 f.

[2]) Art. 1 d. G. v. 31/V. 1865.

Ferner kann bei Ertheilung der Concession durch den Bezirkspräsidenten der Vorbehalt gemacht werden, den Betrieb des Werks für den Fall zu untersagen, daß den auferlegten Bedingungen nicht nachgekommen oder eine Aenderung oder Neuerung an dem Werk gemacht werde.

Im öffentlichen Interesse und zum allgemeinen Nutzen ist der Bezirkspräsident befugt, die Regulirung der schon vorhandenen Stauwerke, sofern sie nicht mit einer vorschriftsmäßigen Ermächtigung versehen sind, sowie die Abänderungen der bestehenden Reglements anzuordnen. [1])

Als gesetzlich existirend sind der Verwaltung gegenüber zu betrachten:

a) die Werke, welche vor Abschaffung der Feudalgesetze auf Grund einer von dem Staatsoberhaupte oder dem Grundherrn ertheilten Concession errichtet worden sind.

b) die Werke, welche schon länger als 30 Jahre vor 1789 bestanden haben, wenn auch ein Titel nicht beigebracht werden kann;

c) die Werke, welche nach 1789 auf Grund einer von der zuständigen staatlichen Behörde ertheilten Concession errichtet wurden.

In privatrechtlicher Beziehung können jedoch unter den Angrenzern auch die ohne gesetzlichen Titel errichteten Werke Rechtsschutz genießen.

Wenn bei Wasserläufen eingetretene Veränderungen neue Ordnungen erforderlich machen, so hat dafür die Staatsregierung im Verordnungswege zu sorgen. [2]) Diese gesetzliche Bestimmung findet auch auf bereits vorhandenen Stauanlagen Anwendung und berechtigt die Verwaltung, die Aenderung und nöthigenfalls die Beseitigung aller Werke, ob gesetzlich existirend oder nicht, anzuordnen, deren Abänderung oder Beseitigung im öffentlichen Interesse zur Verhütung von Ueberschwemmungen oder Gefahren für die Gesundheit geboten erscheint. Es kommt hier zugleich der Grundsatz zur Geltung, daß aller Privatbesitz, welches auch seine Ursache und sein Ursprung ist, verschwinden muß, wenn er einem im allgemeinen Interesse erlassenen Polizeireglement sich gegenüber befindet, da weder Vertrag noch

---

[1]) V. v. 13/IV. 1861. D. Ziff. 4.

[2]) G. v. 4/V. 1803.

Verjährung sich über das Recht der Gesellschaft selbst erheben kann.[1])

Bei Beseitigung oder Aenderung eines Werks ist der Eigenthümer nicht berechtigt, eine Entschädigung zu beanspruchen, wenn dasselbe ohne die gesetzliche Berechtigung existirt oder wenn — ein mit gesetzlicher Berechtigung versehenes Werk von der Verwaltung im öffentlichen Interesse und zwar lediglich aus wasserpolizeilichen Gründen zur Verhütung von Ueberschwemmungen oder von Gefahren für die Gesundheit angeordnet wird. Ist dagegen die Beseitigung oder Aenderung eines mit gesetzlicher Berechtigung versehenen Werks nicht aus wasserpolizeilichen Gründen, sondern zum öffentlichen Nutzen im Interesse der Schifffahrt, des Handels und der Industrie nothwendig, so steht dem Eigenthümer ein Anspruch auf Entschädigung zu.[2])

Die ordnungsmäßige Unterhaltung der Stauvorrichtungen und Sicherheitsanstalten, sowie die sorgsame Innehaltung der festgestellten Wasserstandsverhältnisse sind unabweisliche Pflichten des Stauinhabers, welche schon allgemein d. G. v. 6/X. 1791 auferlegt.

Die große gesetzliche Befugniß der Verwaltung muß überhaupt die Absicht verfolgen: der wirthschaftlichen Forderung einer thunlichst allgemeinen und vollständigen Ausnutzung des Wassers, dieses werthvollen Bestandtheils des Volksvermögens, gerecht zu werden, gleichviel ob dabei das Interesse der Bodencultur oder der Gewerbe und Industrie in Betracht kommt. — Alle bestehenden Culturgesetze stimmen darin überein, daß sie dem Landwirthe große Rechte einräumen, während der Industrie dabei nicht gedacht ist. Sofern aber die Bodencultur nicht beeinträchtigt wird, und dafür sichern gesetzliche Schutzmittel, so liegt nach dem zeitigen volkswirthschaftlichen Standpunkte kein Grund vor, der Industrie in der vorliegenden Beziehung zwecklos noch Beschränkungen aufzuerlegen, um so weniger, da häufig sogar nützliche Bewässerungsanlagen damit verbunden werden können. Andererseits müssen aber auch unbillige Forderungen der Staubesitzer zurückgewiesen werden,

[1]) Demolombe XI. 199. Staatsr. v. 23/X. 1830. 19/VII. 1836. 11/VI. 1837. 17/VI. 1861. 7/V. 1863. 6/XII. 1866. 25/III. 1867.
[2]) Proudhon III. 1168. 1171. M. B. v. 20/IV. 1865.

namentlich dürfen diese bei Wasserüberfluß der Mitbenutzung keine Hindernisse in den Weg legen können. Es müssen dabei namentlich die Bestimmungen des Art. 644 d. B. G. B. und d. G. v. 29/IV. 1845 und v. 11/VII. 1847 leitend sein.

Die Brücken haben nur insoweit Bedeutung, als sie nicht in einer den Lauf oder die Benutzung der Gewässer hemmenden Art angelegt oder behandelt werden. Daß dieselben entgegengesetztenfalls, wie alle Abflußhindernisse überhaupt, wieder beseitigt werden müssen, entspricht der Natur der Sache, denn der Wasserlauf ist in erster Reihe zur ungehinderten Abführung des Wassers bestimmt, und wer dieses Verhältniß ändert, der muß auch von vornherein und dauernd dafür einstehen, daß unzuträgliche Störungen nicht eintreten.[1])

§§ 37—41.

II. Der Wasserschutz.

Der Wasserschutz soll einerseits vor dem Angriffe der Wassermassen auf die Ufer, welche sie einschließen, andererseits gegen das Austreten der über das gewöhnliche Maß angeschwollenen Gewässer aus ihren Ufern in die sie umgebende Landfläche Sicherheit geben. Dort schützt der Uferbau, hier die Errichtung von Deichen.

Das französische Recht hat die Verhältnisse des Uferbaues nirgendwo ausdrücklich berührt. Der Uferanlieger hat unstreitig das nächste und unmittelbare Interesse an dem Schutze seines Ufers. Ihm liegt lediglich ob, sich gegen den Angriff des Stromes zu sichern; soweit er dies nicht thut, ist er die daraus entstehenden Nachtheile zu tragen verbunden, weil sie eine natürliche Last seines Grundstücks

[1]) S. Verordnung von 1669 über die Gewässer und Wälder Tit. 27. Art. 42—45. Rathsbeschluß über die Schifffahrt auf dem Marnefluß und anderen schiffbaren Flüssen und Kanälen vom 24/VI. 1777 Art. 1. 3. 4. 11. Directorialbeschluß über Sicherung des freien Laufs der schiffbaren Flüsse und Kanäle v. 9/III. 1798 Nr. 1—7. Art. 1—14. Gesetz über Zuwiderhandlungen bezüglich des großen Straßenwesens vom 18. Mai 1802. Gesetz über die Polizei des großen Straßenwesens vom 23/III. 1842.

bilden. Sofern also nicht durch privatrechtliche Verhältnisse oder Herkommen eine besondere Verpflichtung besteht, ist die Herstellung und Unterhaltung derjenigen Vorrichtungen, welche an fließenden Gewässern zum Schutze der angrenzenden Grundstücke gegen Abriß oder Beschädigung nothwendig sind, Sache der Eigenthümer der bedrohten Grundstücke. Alle französischen Schriftsteller treten dem bei und finden solches, wie auch schon im röm. Rechte, namentlich in dem Alluvionsrechte begründet, indem sie in der Anerkennung des Rechtes auf die Anschlämmungen eine Aufmunterung zum Uferschutze erblicken. Der Uferbesitzer kann jedwede Maßregel treffen, welche die Wiederherstellung, die Erhaltung und die Sicherung der Ufer bezweckt; es darf aber durch solche Uferbefestigungen niemals dem freien Abfluß des Wassers, und in öffentlichen Gewässern auch nicht der Schifffahrt und Flößerei Eintrag geschehen.[1]) Der Uferbesitzer hat nur insoweit eine Pflicht seine Ufer zu schützen, als das Bedürfniß der Vorfluth dies verlangt. Gefährdet in öffentlichen Gewässern der Verfall der Ufer die Interessen der Schifffahrt, so ist es Sache des Staates, dagegen die nöthigen Vorkehrungen zu treffen. Ist die gemeine Sicherheit und Wohlfahrt bedroht, so steht der Polizeigewalt überhaupt die Befugniß zu, die geeigneten Schutzmaßregeln anzuordnen. Im Allgemeinen ist die Herstellung der einfachen Uferbauten, auch an den Ufern öffentlicher Gewässer in das freie Ermessen eines jeden Uferbesitzers gestellt. Sobald aber die Anlagen die Bedeutung eigentlicher Wasserbauten annehmen, bedürfen sie in öffentlichen Gewässern stets der Erlaubniß des Staates, bei der aber nur die öffentlichen und fiskalischen Interessen, nicht auch die Interessen der anderen Uferbesitzer in Betracht zu ziehen sind.[2]) Den letzteren bleibt es überlassen, im Wege der Klage Schutz zu suchen; der Staat ist niemals für den Schaden der von ihm gestatteten Anlagen verhaftet.[3])

Dagegen ist unbedingt die Verpflichtung der einzelnen Besitzer zur Herstellung ordentlicher Eindeichungen ausgesprochen und dem Staate das Recht verliehen, deren Aus-

[1]) V. v. August 1669 Tit. 27. Art. 41 ff. V. v. 9/III. 1798, Ruralg. v. 6/X. 1791. T. 2. Art. 16.

[2]) V. v. 1669. Art. 42 u. V. v. 9/III. 1798.

[3]) Nieberding S. 213 ff.

führung zu bestimmen und zu leiten.[1]) Alle Einrichtungen in den der Ueberschwemmung ausgesetzten Niederungen, welche den Stand des aus seinen Ufern tretenden Wassers beeinflussen, sind polizeilicher Prüfung unterworfen.[2]) Die Nothwendigkeit von Verdeichungen soll durch die Staatsregierung festgestellt, und die Ausgabe von dem beschützten Eigenthum nach Maßgabe der Interessen an den Arbeiten getragen werden. Diese Verpflichtung trifft also alle Grundbesitzer in der ganzen Breite der Niederung, welche das Wasser bei dem höchsten Stande der Ueberschwemmung bedeckt. Sofern die Staatsregierung es für nützlich und gerecht erachtet, werden Beiträge aus öffentlichen Geldmitteln gewährt. Wenn es sich um Eindeichung öffentlicher Gewässer handelt, bei denen zugleich Schifffahrts-Interessen vorliegen, so soll durch Kaiserliche Ausführungs-Verordnung bestimmt werden, welchen Theil der Staat und welchen Theil die Eigenthümer aufzubringen haben. Gleiches findet statt, wenn Eigenthümer von Mühlen oder Triebwerken interessirt sind.[3]) Die Feststellung der Umfassungslinie der zum Fluthgebiete gehörenden Grundstücke, die Eintheilung der Grundstücke in verschiedene Klassen, die Klassirung der Grundstücke nach Maßgabe des Interesses an den Arbeiten, die Vertheilung und Erhebung der Beiträge und die Ausführung der Arbeiten erfolgt durch Anordnung der Staatsregierung. Bei Streitigkeiten über desfallsige Bestimmungen entscheidet der Bezirksrath.[4]) Ob und inwieweit die erhobenen Einwendungen zu berücksichtigen sind, ist seiner

---

[1]) G. v. 16/IX. 1807 Art. 33. G. v. 28/V. 1858 Nr. 5628. Letzteres bestimmt, daß die Arbeiten behufs Sicherstellung der Städte gegen Ueberschwemmung unter Konkurrenz des Staats, der Bezirke, der Gemeinden und Eigenthümer der gedeckten Grundstücke unter Staatsleitung ausgeführt, daß die Beitrags-Antheile unter diesem durch Verordnung für jeden einzelnen Fall festgestellt, die Untervertheilung der Umlagen auf die betheiligten Eigenthümer aber nach Maßgabe des Gesetzes v. 16/IX. 1807 stattfinden soll. Es verbietet ferner die Errichtung ohne vorgängige Anzeige an die Verwaltung, welcher ein Widerspruchs- oder Veränderungsrecht beigelegt wird, gestattet die Beseitigung von vorhandenen Anlagen dieser Art ꝛc.

[2]) V. v. 1669 Art. 43. v. 6/VIII. 1798 ꝛc.

[3]) G. v. 16/IX. 1807. Art. 34

[4]) G. v. 16/IX. 1807 v. 4/V. 1803 v. 21/VI. 1865. Art. 26.

Prüfung anheim gegeben; er hat dabei wesentlich die öffentlichen Interessen zu wahren. Enteignungen sowohl von Grundstücken, als auch bestehender Rechte, namentlich solche von Triebwerksbesitzern sind statthaft. [1]) Die Staatsregierung wird unter den von ihr aufgestellten Bedingungen das Recht der Eindeichung, soweit dasselbe einen Theil des öffentlichen oder Staatseigenthums bildet, vergeben. [2]) Dieselbe kann aber auch im öffentlichen Interesse Verdeichungen selbst in die Hand nehmen oder diese Arbeiten einem Unternehmer übertragen. Im letzteren Fall wird der Betrag des durch die Eindeichung entstandenen Mehrwerths der Grundstücke im Fluthgebiete zwischen den Eigenthümern und dem Unternehmer in der im Vergebungsakt festgesetzten Weise getheilt, und wenn die Arbeit durch den Staat vorgenommen wird, so ist sein Antheil an dem Mehrwerth derart festzusetzen, daß ihm alle seine Auslagen zurückvergütet werden. Die wegen des Mehrwerths zu leistenden Vergütungen werden durch den Bezirksrath festgestellt. Die Eigenthümer können an Stelle der Baarzahlung entweder einen verhältnißmäßigen Theil des Bodens abtreten, oder eine Rente auf die Grundstücke tragen. [3])

Die Unterhaltung der Eindeichungen ruht zum Theil noch auf alten Ordnungen und Ortsgewohnheiten. Nach dem Gesetze vom 16/IX. 1807. Art. 7. und 26, fällt die Unterhaltung den Eigenthümern der Grundstücke im Fluthgebiete zur Last, welche zu diesem Behufe in Zwangs-Genossenschaften vereinigt werden können. Der Bezirkspräsident ernennt deren Vorstände und stellt, wenn die Genossen einverstanden sind, die Genossenschaftsordnung fest. [4]) Herrscht kein Einverständniß, so wird die Ordnung nach Vorschlag Seitens des Vorstandes, Begutachtung durch den Bezirksrath und Beschlußfassung von Seiten des Kaiserlichen Raths durch Verordnung festgestellt. [5]) Jedenfalls muß über die Erhaltung jeder Eindeichungs-Anlage eine Ordnung auf-

[1]) G. v. 16/IX. 1807. Art. 48—57.
[2]) G. v. 16/IX. 1807. Art. 41.
[3]) G. v. 16/IV. 1807 Art. 4. 19—23. 46. u. v. 21/VI. 1865. Art. 26.
[4]) V. v. 13/IV. 1861. Art. 8 Tableau D. Nr. 8.
[5]) Denkschr. v. Pietzsch S. 13.

gestellt werden, sofern die Anlage mit Inanspruchnahme der Einräumung von Dienstbarkeiten auf fremden Grundstücken errichtet ist.[1]) Die Deichabgaben werden wie die direkten Steuern erhoben.[2])

Für Verdeichung können auch freie und ermächtigte Genossenschaften gebildet werden[3]), und es verdient dieser Weg, weil milder und den heurigen Anschauungen entsprechender, den Vorzug.

§§ 42—44.

III. Die Flußbettregulirung, Gräben und Kanäle.

Verschieden von den Uferbauten sind die Flußbettregulirungen. Diese verfolgen den Zweck, das Flußbett zu verbessern, eines Theils zur Erweiterung der Wasserabflußverhältnisse, anderen Theils zur Hebung der Wasserstandsverhältnisse. Sie erstrecken sich bald auf die bloße Verbesserung des bestehenden Flußbettes, bald auf die völlige Aenderung und Verlegung des Wasserzuges.

Die Gräben und Kanäle sind völlig künstliche Wasserzüge, welche den Zweck haben, theils das in und auf dem Boden sich sammelnde oder wild zulaufende Wasser in geregelter Weise abzuführen, theils Wasser, das für gewisse Zwecke nutzbar gemacht werden soll, zu- und fortzuleiten.

Die Flußbettregulirungen sind vorzüglich an den Privatgewässern von Bedeutung, allein dieselben werden für diese in den älteren Gesetzen nirgends besonders erwähnt. Das Gesetz vom 4/V. 1803 kann sich auf die Arbeiten einer Flußbettregulirung nicht ausdehnen.[4]) Zwar sind dort, wo durch den Verfall der Ufer oder durch Anhäufungen im Bette der Abfluß des Wassers in Flüssen behindert wird, die zu deren Räumung verpflichteten Besitzer gehalten, die Ufer und das Bett so weit in Stand zu setzen,

---

[1]) § 5 d. G. v. 11/V. 1877.
[2]) G. v. 4/V. 1803.
[3]) G. v. 21/VI. 1865. Art. 1 Nr. 1.
[4]) Ducrocq, 506.

als das Bedürfniß der Vorfluth dies verlangt; das bedingt aber keine eigentlichen Regulirungsarbeiten. Sobald die Flußbettregulirungen zur Austrocknung von Sümpfen vorgenommen werden, so steht deren Durchführung kein Hinderniß entgegen. [1]) Außerdem können sie aber mit allen Mitteln des Genossenschaftsgesetzes zu Stande gebracht werden. [2]) Ueber die Erhaltung jeder Flußbettregulirungs-Anlage muß eine Ordnung aufgestellt werden, sofern die Anlage mit Inanspruchnahme der Einräumung von Dienstbarkeiten auf fremden Grundstücken errichtet worden ist. [3])

In der Regulirung der öffentlichen Gewässer ist der Staat, soweit das öffentliche Interesse der Vorfluth und der Schifffahrt erfordert, durch keinerlei Rücksichten eingeschränkt. Er kann ein jedes nicht öffentliche Gewässer in einen schiffbaren Stromlauf umwandeln; alle Regulirungsbauten, die zu dem Behufe an und in dem Wasserlaufe nöthig erscheinen, müssen sich die Besitzer gefallen lassen, zu Durchstichen und völligen Verlegungen des Bettes ist das Land von ihnen herzugeben; sie behalten überall nur einen Anspruch auf volle Entschädigung. Zu fiskalischen und privaten Zwecken ist dagegen der Staat beschränkt, indem er Bauten innerhalb des Flußbettes nur insoweit vornehmen darf, als damit kein Eingriff in die Rechte der Ufereigenthümer und keine Benachtheiligung des Wasserverkehrs verbunden ist. Der Staat darf aber alle Rechte wie alle Verpflichtungen, welche er im Interesse der Regulirung der Gewässer über dieselben ausübt, auch anderen Unternehmern zur Ausübung überlassen, nur sollen sie dabei nicht lediglich fiskalische oder private Interessen fördern. Die Befriedigung der erwachsenen Ersatzansprüche ist bei allen Regulirungsarbeiten im öffentlichen Interesse zunächst Sache des Staates; allein auch die dadurch begünstigten angrenzenden Gegenden können dazu wie überhaupt zu den Regulirungsarbeiten herangezogen werden, und zwar bei schiffbaren Gewässern bis zur Hälfte, bei flößbaren Gewässern sogar bis zu dem ganzen Betrage der Kosten; selbst einzelne Besitzer von Grundstücken und Werken können,

---

[1]) G. v. 16/IX. 1807.
[2]) G. v. 21/VI. 1865 Art. 1 Nr. 2.
[3]) § 5 d. G. v. 11/V.1877.

wenn ihre Besitzungen durch dergleichen Unternehmungen erheblich verbessert werden, bis zur Hälfte der ihnen erwachsenen Vortheile zu Beitragsleistungen angehalten werden. Es bedarf zu dem Behufe jedoch stets einer Kaiserl. Ausführungs-Verordnung. Die Staatsregierung trifft die desfallsige Anordnung, und bei Streitigkeiten entscheidet der Bezirksrath.[1])

Bei den Gräben und Kanälen will das Recht die bestehenden Verhältnisse der Vorfluth erhalten wissen. Der Oberlieger darf nichts unternehmen, was die Dienstbarkeit des Unterliegers erschwert.[2]) Es wird sogar eine jede Störung des ungehinderten Wasserabflusses untersagt, die anderen Besitzern das Wasser in ungewohnter und benachtheiligender Weise zudrängt.[3]) Eine Einwirkung auf die Vorfluth, möge sie in der Stauung des Wassers oder in dem Uebertritte desselben auf fremde Grundstücke bestehen, ist überhaupt nur dann gestattet, wenn Anlage und Bestimmung der Gräben, sowie die in dieser Hinsicht bestehenden besonderen Rechtsverhältnisse sie zu rechtfertigen vermögen.[4]) Einrichtungen, welche den Ablauf des Wassers in dem Grabenbette nur erleichtern, sind nicht untersagt, sollte auch das Interesse der Vorfluth in Folge derselben oberhalb oder unterhalb auf fremden Besitzungen eine Regulirung oder Veränderung des Grabenbettes erheischen. Die Unterhaltung bzw. Räumung der Gräben fällt zunächst denjenigen zur Last, welche durch besondere Rechtsgründe oder aber durch die Vorschriften des örtlichen Rechtes (Grabenordnung) dazu verbunden sind. Liegen diese nicht vor, so ist die Unterhaltung derjenigen Gräben, durch welche das Wasser seinen ordentlichen und gewöhnlichen Abfluß nimmt, Sache, aber nicht Pflicht desjenigen Besitzers, über dessen Grundstücke dieselben laufen; Grenzgräben müssen auf gemeinschaftliche Kosten unterhalten werden, oder es liegt bei denselben jedem der beiden Nachbarn die Unterhaltung bis zur Mitte des Grabens ob.[5]) Bei Ent- und Bewässerungsgräben ent-

---

[1]) G. v. 16/IX. 1807. Art. 28—32. 34. ff. Nieberding S. 219 f.
[2]) B. G. B. Art. 640.
[3]) Ruralg. v. 6/X. 1791 T. 2. Art. 16.
[4]) G. v. 4/V. 1803. Art. 2.
[5]) B. G. B. Art. 666—669.

scheiden der eigenthümliche Zweck und die besonderen Verhältnisse der Anlage und Benutzung ausschließlich über das Dasein und das Maß einer regelmäßigen Unterhaltungslast; jeder Besitzer ist jedoch verpflichtet, die Unterhaltungsarbeiten gegen Schadensersatz zu gestatten. Ueber Benutzung und Erhaltung jeder Ent- und Bewässerungs-Anlage muß eine Ordnung aufgestellt werden, sofern dieselbe mit Inanspruchnahme der Einräumung von Dienstbarkeiten auf fremden Grundstücken errichtet ist.[1]) Wo übrigens eine Regelung durch allgemeine Interessen als geboten erscheint, steht den Polizeibehörden die Befugniß zu, die Unterhaltung der Gräben für alle Fälle im Verordnungswege aufzuerlegen.[2])

Kanäle sind gleichfalls künstliche Anlagen, über die in ihrer Eigenschaft als geschlossene Gewässer dem Eigenthümer des Grund und Bodens ausschließlich die Verfügung zusteht. Den vom Staate und auf seine Kosten errichteten Kanälen müssen diejenigen in der Hauptsache gleichgestellt werden, welche von einem Privaten oder einer Gesellschaft im öffentlichen Interesse mit Genehmigung der Staatsregierung unternommen und ausgeführt werden; die Genehmigungs-Urkunde entscheidet darüber, ob und in wie weit der betreffende Kanal dem freien Gebrauche offen steht. Die Bestimmung der Verordnung von 1669, nach welcher nur die von Natur aus schiffbaren, nicht aber die erst durch menschliche Nachhilfe schiffbar gemachten Wasserläufe zu dem zur öffentlichen Benutzung bestimmten Staatsgut gehören, ist durch Art. 538 aufgehoben, da letzterer zwischen den beiden Arten von Gewässern keinen Unterschied macht. Demnach gehören auch die kanalisirten Flüsse zum öffentlichen Staatsgut. Sie bilden einen Bestandtheil des Domanialvermögens des Staats, sind also fiskalisches Eigenthum, und es steht namentlich der Regierung die Befugniß zu, von denjenigen, welche den Kanal benutzen, bestimmte Gebühren zu erheben. Art. 28 und 29 des Gesetzes vom 16/IX. 1807 giebt der Regierung das Recht, Schifffahrts- und Floßkanäle zu bauen, sowie Art. 49 desselben Gesetzes die Erbauung von Entwässerungskanälen und Rinnen, von

---

[1]) § 5 d. G. v. 11/V. 1877.

[2]) G. v. 4/V. 1803. Art. 1. 2. G. v. 17/VII. 1856. Art. 9. Nieberding S. 80. Oppenhof S. 227. 539.

Schifffahrtskanälen und anderen Arbeiten von allgemeinem Nutzen unter denjenigen Unternehmungen aufzählt, wegen deren die Zwangsenteignung Platz greift. Die durch diese Anlagen begünstigten angrenzenden Gegenden können zu den Kosten herangezogen werden.[1]) Auch einzelne Besitzer von Grundstücken und Werken, welche davon Vortheil ziehen, haben verhältnißmäßige Kosten zu tragen.[2]) In Streitfällen hat der Bezirksrath zu entscheiden.[3]) Bei den Kanälen bildet der Leinpfad oder Ziehweg eine Zubehör des Kanales, und das betreffende Grundstück ist sonach Privateigenthum des Staates, nicht eine Berechtigung an fremden Grundstücken. Da die Kanäle den Interessen der Landwirthschaft, der Gewerbe und des Handels dienen und diese fördern sollen, so hat die Staatsregierung die Schifffahrt auf denselben frei erklärt und in Beziehung auf den Handel Niemanden untersagt; auf die Wasserentnahme zu Bewässerungen ist leider in der ursprünglichen Anlage weniger Bedacht genommen, und wird deßhalb dieselbe selten gewährt. Kanalordnungen ertheilen Vorschriften über die Kanal-Schifffahrt und über die zu entrichtenden Kanalgebühren. Die Unterhaltungspflicht liegt dem Staate ob.[4])

§§ 45—59.

IV. Die Ent- und Bewässerung der Grundstücke.

Im Wasser liegt nicht bloß ein nützliches und befruchtendes, sondern auch ein schädliches und zerstörendes Element. Das erstere soll sich der Mensch dienstbar machen und gleichzeitig das letztere bekämpfen.[5]) Wie einer-

---

[1]) G. v. 16/IX. 1807. Art. 28—32.

[2]) Ebenda Art. 38.

[3]) G. v. 21/VI. 1865. Art. 26.

[4]) Decret über Kanalisation der Flüsse vom 3. Mai 1808, über Polizei und Erhaltung der Kanäle von Loing und Orleans vom 22. Februar 1813, Polizeiordnung für sämmtliche Kanäle in Elsaß-Lothringen von den 3 Bezirkspräsidenten publicirt im Februar 1876, Decret über die Erhaltung und die Polizei des Kanals von Neubreisach vom 2—14 April 1817.

[5]) Pözl S. 293.

seits die Zuführung des Wassers zur Bewässerung, so ist anderseits die Trockenlegung ein großes Bedürfniß des Ackerbaues. Zunächst verdient, namentlich wenn es die Interessen der Landwirthschaft gilt, die Entwässernng Erwähnung.

Unter Entwässerung verstehen wir alle künstlichen Vorrichtungen, welche zur Abwehr, Entfernung oder Verminderung des der Benutzung einer Grundfläche schädlichen Wassers auf oder unter deren Oberfläche dienen. Der Eigenthümer ist an sich nicht gehindert, Entwässerungen, sei es der Oberfläche, oder des Innern, vorzunehmen. Allein dieses natürliche Recht hat in vielen Fällen und namentlich bei der unterirdischen Trockenlegung keinen Werth, wenn er das Wasser nicht auf oder über andere Grundstücke weiter zu leiten vermag. Um dazu im Stande zu sein, bedarf es aber an sich einer besondern Gerechtsame des trockenlegenden Eigenthümers dem Nachbar gegenüber, welcher das in Röhren gesammelte oder bei Austrocknung von Sümpfen 2c. auch in offenen Gräben weiter zu führende Wasser aufnehmen soll. Denn die gesetzliche Verpflichtung des Letzteren, den Wasserabfluß aufzunehmen, erstreckt sich nur auf den natürlichen Abfluß, nicht auf den durch Kunstanlagen verursachten oder vermittelten. Wenn also der Grundeigenthümer, welcher trocken legen will, kein solches Recht hat, so würde er an sich an der Trockenlegung gehindert sein. Nun aber besteht eine der wesentlichsten Verbesserungs- und Förderungsmittel des Ackerbaues eben in der Trockenlegung. Um also durch den Widerspruch des Nachbarn, welcher den Zufluß des dem Grundstück künstlich abgezogenen Wassers nicht zu leiden braucht, kein Hemmniß zu haben, mußte zu einem gewissen Zwang gegriffen werden, und dieser hat denn auch in den meisten neueren Gesetzgebungen Eingang gefunden. Die französische Gesetzgebung begann damit Ende des vorigen Jahrhunderts. Das Gesetz vom 5/I. 1791 ordnete unter staatlicher Leitung die Ableitung alles culturschädlichen Wassers als unbedingte Pflicht an. Das Gesetz vom 4/XII. 1793 befahl bei Strafe die Trockenlegung gewisser Seen und Teiche. Das Gesetz vom 16/IX. 1807 ordnete ausführlich das ganze Entwässerungsrecht, besonders aber größere Entwässerungsunternehmungen. Einen wesentlichen Fortschritt machte das

Gesetz v. 10/VI. 1854, indem es die zwangsweise Ausführung der Entwässerungsanlagen durch ein neues Verfahren regelte. Der Bezirkspräsident vom Unter-Elsaß erläßt darüber unterm 17/III. 1855 folgendes Circular:

„Die Wichtigkeit der Entwässerung für die Besserung des Bodens, die Wohlthaten, welche aus diesem Austrocknungsverfahren dem Ackerbau erwachsen, sind jetzt allgemein anerkannt. Das Gesetz vom 10. Juni 1854 hat zum Zweck die Einführung des Entwässerungs-Verfahrens zu erleichtern und allgemein zu verbreiten.

„Der erste Artikel räumt den Eigenthümern, welche ihren Boden austrocknen wollen, das Recht ein, dessen schädliche Gewässer durch jedes Grundeigenthum, welches sie von einem fließenden Wasser oder sonst irgend einem Abzugsweg trennt, zu leiten. Der Artikel 640 des bürgerlichen Gesetzbuches hatte schon eine ähnliche Dienstbarkeit zum Besten der oberen Liegenschaften geschaffen; diese Dienstbarkeit bestand aber für die unteren bloß darin, daß diese die natürlich von den oberen abfließenden Wasser empfangen mußten. Den oberen Eigenthümer ward ausdrücklich verboten, durch Nichts die besagte Dienstbarkeit zu erschweren. Unter solchen gesetzlichen Bedingungen mußte das Austrocknen des Bodens in einem Lande, wo das Grundeigenthum, wie im Elsaß, äußerst zerstückelt ist, so viel wie rein unmöglich werden.

„Eine erste Abweichung des bisherigen Rechtsstandes geschah durch das Bewässerungs-Gesetz vom 29. April 1845; es gab den Eigenthümern, die ihren Grund bewässern wollten, das Recht gegen Entschädigung die Durchführung der ihnen zu Gebot stehenden Wasser über die zwischen diesen und ihrem eigenen Boden befindlichen Liegenschaften.

„Der durch das Gesetz vom 10. Juni 1854 über den ungehinderten Ablauf der vom Austrocknen herrührenden Gewässer erzielte Zweck besteht darin, den Eigenthümern die Entwässerung eben so gut als die ihnen bis jetzt zugesicherte Bewässerung ihres Bodens zu ermöglichen. Das neue anberaumte Recht ist jedoch nicht so beschränkt wie das Gesetz von 1845, denn dieses über Bewässerung macht die Ausübung der Durchleitungsgerechtigkeit von der Ermächtigung der Gerichte abhängig, während das Gesetz von 1854 von Rechtswegen diese Gerechtigkeit jedem Eigenthümer, der seinen Boden von schädlichen Gewässern befreien will, einräumt. Das Recht erhellt einfach aus der Lage des Bodens und besteht kraft des Gesetzes selbst ohne Dazwischenkunft des Richters.

„Die Gewässer, welche man nun über fremdes Gut durch künstliche Mittel leiten darf, sind alle diejenigen, deren natürlicher Abfluß durch Art. 640 des bürgerlichen Gesetzbuches gestattet worden, nämlich: Quellen, Regen, Grundwasser oder sonst irgend welches Wasser, dessen Herkunft vom Eigenthümer ganz unabhängig ist, sowie auch das, welches derselbe mit Absicht für Bewässerung auf seinen Grund leitet.

„Es ist zu bemerken, daß obgleich das Gesetz besonders das Austrocknen vermittelst des speciellen Entwässerungs-Systems, nämlich durch unterirdische Abzugsröhren, betrifft, es dennoch jede andere Besserungsart, selbst nebenbei äußere begreift.

„Der zweite Artitel gibt dem Besitzer des von einer Wasserleitung durchzogenen Grundes das Recht, daß auch er die bestehenden Anlagen benütze, um seinen eigenen Boden auszutrocknen, jedoch unter der Bedingung, daß er einen Theil der Kosten der Anlagen, die er so benützt, zurückerstatte, die Ausgaben der Arbeiten, welche seine eigene Abänderungen verursachten, selbst bestreite und für die Zukunft seinen verhältnißmäßigen Antheil an den Unterhaltungskosten der gemeingewordenen Arbeiten bezahle.

„Um aber wichtige Resultate zu bewirken, genügte es nicht, den Bemühungen einzelner Besitzer behülflich beizustehen; die Zerstückelung des Grundeigenthums in einigen Bezirken, und namentlich im Unter-Elsaß, ist so groß, daß überhaupt die Entwässerungsarbeiten, wenn von einzelnen Eigenthümern unternommen, in Betracht des zu bessernden Grundwerthes, unverhältnißmäßig große Ausgaben erfordern würde. Der Gesetzgeber hat daher die gemeinschaftliche Verbindung derjenigen Eigenthümer begünstigt, deren Liegenschaften einen Gesammtraum bilden, welcher vermittelst gemeinsamer Arbeiten gebessert oder gesunder gemacht werden kann. Es gewährt solchen Gesellschaften, die sich ganz frei von jeder Einmischung der Verwaltung bilden können, die nämlichen Rechte wie den einzelnen Privatbesitzern.

„Diese Gesellschaften können übrigens auf ihr Begehren durch Bezirkspräsidialbeschlüsse als Genossenschaften ermächtigt werden und als solche den Verfügungen der Gesetze vom 16. September 1807 und 4. Mai 1803, gleich den anderen schon in diesem Bezirke bestehenden ermächtigten Genossenschaften für Reinigung der fließenden Wasser oder Austrocknen von Grundflächen, unterworfen werden.

„Die ermächtigten Genossenschaften haben aber den besondern Vortheil, daß sie, des gemeinen Bestens wegen, die zur Ausführung ihrer Arbeiten nöthigen Grundstücke durch richterlichen Spruch enteignen können; es kann in der That oft nützlich sein, neue Abzugskanäle zu eröffnen, oder die schon vorhandenen Abflüsse in ihren Lauf zu berichten, breiter oder tiefer zu machen. In solchen Fällen muß man nothwendigerweise von der gerichtlichen Entäußerung Gebrauch machen. Doch muß man beachten, daß diese Enteignung die Erklärung bedingt, daß das Unternehmen von allgemeinem Nutzen sei, welche Erklärung nach Erfüllung aller durch Gesetze und Verordnungen vorgeschriebenen Untersuchungsformalitäten nur durch Kaiserliche Verordnung geschehen kann.

„Die für Entäußerung schuldige Entschädigung wird gleich der für die Nebenwege, laut Art. 16, § 2 und folgende des Gesetzes vom 21. Mai 1836, durch ein Schwurgericht von vier Geschworenen bestimmt.

„Das Entäußerungsrecht gehört nicht allein den ermächtigten Genossenschaften, sondern auch den Bezirks- und Gemeindeverbänden.

„Der fünfte Artikel des Gesetzes vom 10. Juni 1854 bezieht sich auf die Streitigkeiten, welche aus der Ausführung der Entwässerungsarbeiten erwachsen können; dieselben werden vor den Friedensrichter gebracht.

„Der Artikel 6 setzt die Srafe fest, in welche jeder verfällt, der die Wasserleitung zerstören oder mit Vorsatz den freien Ablauf des Wassers verhindern würde."

Hierauf folgt ein Circular vom 23. März 1855:

„Außer dem Antrieb, den das Gesetz vom 10. Juni 1854 zur Besserung des Grundeigenthums durch das Entwässerungssystem hervorruft, will die Regierung auch noch die Verbreitung und allgemeine Einführung dieser Grundbesserungs-Methode dadurch begünstigen, daß sie den Eigen thümern unentgeldlichen Beistand ihrer Beamten und verschiedene andere Vortheile anbietet.

„Nachdem die Eigenthümer ihre Absicht, Entwässerungsarbeiten vorzunehmen erklärt haben, werden die Ingenieure die bezeichneten Liegenschaften untersuchen, unentgeldlich deren Pläne entwerfen, die nöthige Ausgabe abschätzen und in schriftlichem Bericht die Formalitäten anzeigen, welche die durch das Gesetz vom 10. Juli 1854 gewährten Vortheile zusichern. Die Risse der zu beschaffenden Arbeiten werden dann an Ort und Stelle von den Beamten des Wasserdienstes gezeichnet; den Eigenthümern leiht man die dem Staate gehörigen Werkzeuge und besonderen Instrumente, und lehrt die Arbeiter deren Handhabung; endlich wird man in gewissen Fällen noch irdene Röhren liefern, und zwar unentgeldlich wie alles übrige schon erwähnte.

„Solche Ermunterungen berechtigen wohl zu der Hoffnung, daß Viele vermittelst des Entwässerungs-Systems ihr Grundeigenthum von dem überflüssigen, schädlichen Wasser befreien werden. Die Verwaltung zählt auf den thätigen Beistand der Kreisdirectoren und Bürgermeister durch Beispiel und Rath ein Verfahren zu verbreiten, dessen Ergebniß größere Fruchtbarkeit des Bodens und daher Wohlstandserhöhung der Landbevölkerung sein, und dadurch eine der beständigsten Bestrebungen der Regierung verwirklichen wird."

Diesem Circular ist folgender Beschluß des Bezirkspräsidenten vom 23. März 1855 beigefügt:

„Art. 1. Diejenigen Eigenthümer, welche die von der Regierung angebotenen Ermunterungen zur Ausführung von Entwässerungsarbeiten benützen wollen, haben an uns ein auf gestempeltes Papier geschriebenes Gesuch zu richten, das die Gemeinde und die genaue Lage des zu entwässernden Bodens, dessen Flächenraum, den Graben oder das fließende Wasser, in welches sie das Abzugswasser zu leiten beabsichtigen, und die Zeit, in der sie die Arbeiten zu beginnen wünschen, bezeichnet.

Art. 2. Pläne und Abschätzungen der Arbeiten werden unentgeldlich durch die Ingenieure und Beamten des Wasserbaudienstes entworfen und den Betheiligten zur Einsicht mitgetheilt.

Art. 3. Nach Erfüllung der laut Gesetzes vom 10. Juni

1854 zur Erhaltung von Entwässerungsmitteln vorgeschriebenen Formalitäten, und nachdem die Eigenthümer ganz zum Beginn der Arbeiten bereit sind, werden die Risse der Arbeiten unentgeldlich örtlich selbst durch die Ingenieure und ihre Gehülfen abgestochen. Die besonderen Werkzeuge für das Ausstechen der Gräben, das Einlegen und die Fügung der Röhren, werden den Eigenthümern geliehen und auch unentgeldlich diese Arbeiten beaufsichtigt und verifizirt.

Art. 4. In gewissen Fällen, deren Bestimmung wir uns vorenthalten, werden auch noch die Röhren unentgeldlich geliefert."

Dazu kam später noch ein Gesetz vom 17. Juli 1856 über die unterirdische Trockenlegung zu dem Ende, um dieselbe von Staatswegen zu erleichtern und zu fördern. Das Gesetz widmet eine Summe von 100 Millionen Franken zur Gewährung von Dahrlehen behufs Unterstützung von Entwässerungsanlagen. Die Darlehen sollen gegen vierprozentige Zinsen und unter Bedingung der Tilgung in 25 Jahren durch Jahresraten, ausgegeben werden. Für die Sicherstellung dieser Darlehen und die Beitreibung der Jahresraten räumt das Gesetz dem Staat Privilegien ein. Das Gesetz enthält im § 9 auch die Bestimmung, daß bei Belästigung der natürlichen Wasserläufe die entwässerten Grundstücke als bei der Räumung interessirt anzusehen sind. Die an sich nützliche Bestimmung wegen Gewährung von Darlehen für Entwässerungs-Unternehmungen muß für Elsaß-Lothringen jetzt noch auf die Weise in Anwendung gebracht werden, daß entweder der Gesellschaft für Boden- und Kommunal-Kredit eine solche Verpflichtung auferlegt wird, oder der Staat selbst Mittel zu diesem Zweck bereit stellt.

Das Genossenschaftsgesetz vom 21. Juni 1865 endlich verleiht den freien Entwässerungs-Genossenschaften die Rechte juristischer Personen und bietet diesen die Möglichkeit, sich durch Mehrheitsbeschluß in ermächtigte Genossenschaften zu verwandeln.

Die **Bewässerung** hat die Benutzung der befruchtenden Kraft des Wassers für die Bodencultur im Auge. Wir verstehen darunter alle diejenigen künstlichen Vorrichtungen, welche einer Grundfläche auf oder unter deren

Oberfläche Wasser zuführen, imgleichen diejenigen, welche zur Ableitung des zugeführten Wassers dienen. Die Bewässerung muß die Zuführung von Wasser auch unter die Oberfläche einschließen, um einem an Trockniß leidenden Grundstücke auf dem einen oder andern Wege Grundwasser verschaffen zu können.

Auch bezüglich der Bewässerungsanlagen ist zu dem Zwang gegriffen, daß sich andere Besitzer in ihren Rechten solchen Anlagen gegenüber verschiedene Beschränkungen gefallen lassen müssen. Der Unternehmer der Bewässerung kann verlangen, daß ihm auf fremdem Grund und Boden eine Dienstbarkeit für die Errichtung der nothwendigen Wasserleitung eingeräumt werde, imgleichen, daß ihm auch die Benutzung des andern Flußufers zum Anschlusse eines Stauwerkes gestattet werde, ferner daß er der gesetzlichen Pflicht entbunden werde, einen Rückstau zu verhindern, sowie das etwaigen Triebwerken zustehende Betriebswasser zu belassen. Dagegen kann der Eigenthümer, der die Wasserleitung dulden muß, sich bei der Anlage und Benutzung derselben gegen verhältnißmäßige Uebernahme der Kosten betheiligen, ferner kann derjenige, welcher an seinem Ufer den Anschluß eines Stauwerks gestattet, die Mitbenutzung des aufgestauten Wassers zur Hälfte in Anspruch nehmen, verliert alsdann aber die Entschädigungen und muß die Hälfte der Kosten des Stauwerks tragen.

Die französische Gesetzgebung richtete auf die Bewässerung zuerst Ende des vorigen Jahrhunderts ihr Augenmerk. Die Instruktion vom 12/20. August 1790 befahl den Bezirksverwaltungen, alle Gewässer ihres Bezirks im Sinne gemeinen Nutzens nach den Grundsätzen der Bewässerung zu leiten. Art. 644 des bürgerlichen Gesetzbuchs ertheilt den Uferbesitzern zunächst das Recht der Wasserentnahme aus Privatwasserläufen behufs der Bewässerung, jedoch muß das Wasser, soweit es nicht vom Boden eingesogen wird, seinem natürlichen Lauf zurückgegeben werden. Das Gesetz vom 29. April 1845 gewährt dem zur Wasserentnahme aus Privatwasserläufen Berechtigten gegen Entschädigung das Recht der Wasserzuleitung über zwischenliegende fremde Grundstücke nach dem seinigen. Nach dem Gesetze vom 11. Juli 1847 steht demselben zu gleichem Zwecke gegen Entschädigung das Recht zum Anschlusse (Anlehnung) eines Stauwerks an das gegenüberliegende Ufer zu. Das beregte Gesetz vom

29/IV. 1845 wird im Unter-Elsaß durch Circular des Bezirks-Präsidenten mit Folgendem eingeführt:

„Diejenigen, deren Wiesen an einem Flusse liegen, können, wie vorher, von der Verwaltung die Erlaubniß erhalten, einen Wasserabzug einzurichten. Wenn diese Erlaubniß ihnen zugestanden wird, und sie Willens sind, ein entfernter liegendes Eigenthum den Vortheil der Bewässerung genießen zu lassen, so können sie solches erlangen, und dies ist eine neue Befugniß, daß das Wasser über die dazwischen liegenden Grundstücke laufe, die dritten Personen gehören. Die Gerichte haben über die Streitigkeiten zu erkennen, welche über die Anlegung der Rinne oder Wasserleitung entstehen können, sowie auch über die Entschädigung, welche dem Eigenthümer gebührt, über dessen Grundstücke das Wasser seinen Weg nimmt.

„Um aber, so viel als möglich, solche Streitigkeiten und Prozesse zu verhüten, und um zugleich ein Bewässerungs-System einzuführen, das einem größeren Umfang von Grundstücken nützen könne, ist es zweckdienlich, die Eigenthümer verabreden sich mit einander dahin, daß sie gemeinschaftlich bestimmen: die Anlage der Wasserabzüge, den Weg, welchen die Wasserleitungen nehmen sollen, und die Art, wie das Wasser, nach geschehener Bewässerung der Wiesen, wieder in den Fluß ablaufen soll. Den Genossenschaftsvereinen steht es zu, diese Entwürfe zu einer Ordnung vorzubereiten.

„Ein Mitglied der Deputirten-Kammer sagte bei der Erörterung des Gesetzes:

„Ich gestehe, daß statt der Menge der theilweise persönlichen Gesuche, zu welchen das Gesetz anregt und sie auf eine befriedigende Weise durchzuführen unternimmt, würde ich viel lieber solchen Maßregeln den Vorzug geben, welche sich auf ein größeres Gebiet von Ländereien erstrecken und von benachbarten und in gemeinschaftlichem Interesse vereinigten Eigenthümern festgesetzt werden (Bewässerungsgenossenschaften). Meine heißesten Wünsche sind, daß in ganz Frankreich die Genossenschaftsvereine eingeführt werden mögen, welche für die Beschützung der landwirthschaftlichen Interessen in unsern mittäglichen Bezirken von so kostbarem Nutzen sind“.

„Ein anderer Sprecher hat ein Beispiel von dem aufgestellt, was die zu einem Verein verbundenen Eigenthümer zu thun vermögen.

„Es gibt in den östlichen Pyrenäen ein Wässerungs-System, das den in der Lombardei und in Piemont üblichen in nichts nachsteht.

„Der Boden ist von fünfzig Wässerungs-Kanälen durchschnitten; alle sind durch Vereine oder Gemeinheiten angelegt worden.

„Diese Kanäle sind nicht bloß zum Vortheil einiger einzelner Ufernachbarn angelegt worden, sondern zum Nutzen großer Strecken Landes, und das Eigenthum, welches eine Stunde weit vom Flusse liegt, wird eben so gut bewässert wie das Ufergrundstück.

„Diese Genossenschaftsvereine haben erlaubte Versammlungen, in denen sie sich mit ihren Interessen beschäftigen. Sie ernennen Vorstände, um ihre Ordnungen vollziehen zu lassen, wie auch Verwalter, welche die Wasser beaufsichtigen und darauf Acht haben, daß sie nicht verschwendet werden."

„Es bestehen im Unter-Elsaß ähnliche Vereine. Obschon einige derselben sich ziemlich oft versammeln, so giebt es doch viele andere, wo dies selten geschieht, und die noch keinen Entwurf zu einer Ordnung vorgelegt haben.

„Wenn unter den Flüssen, über welche noch keine Genossenschaftsvereine bestehen, sich solche befinden, deren Ufernachbarn das Wasser zum Ackerbau zu benutzen wünschen, so lade ich die Bürgermeister ein, mir eine Liste von denjenigen Candidaten einzusenden, welche bei der Errichtung eines Genossenschaftsverbandes interessirt sind und in den Vorstand gewählt werden können.

„Neben den Hauptverbänden, welchen das Interesse aller Nachbarn eines laufenden Wassers obliegt, können auf Begehren der Interessenten auch Nebenverbände (Abtheilungen) errichtet werden, mit dem Auftrag, besondere Ordnungen für gewisse Ortsverhältniße vorzubereiten."

Die Genossenschaftsvereine bildeten sich auf Grund des Gesetzes vom 16/IX. 1807 bzw. vom 4/V. 1803. Darauf fußend verleiht das Gesetz vom 21/VI. 1865 den freien Genossenschaften die Rechte juristischer Personen, gestattet auch, daß diese nachher durch Stimmenmehrheitsbeschluß sich zu der festeren Form der ermächtigten Genossenschaften zusammen schließen können. Das Gesetz vom 11/V. 1877, betreffend Abänderung der Gesetzgebung hinsichtlich des Wasserrechts, .geht sowohl für Bewässerungen als für Entwässerung ꝛc. weiter, wie im Entwurfe durch Folgendes begründet wird:

„Das die Bildung von Syndikatsgenossenschaften zur Ausführung von landwirthschaftlichen Verbesserungen betreffende Gesetz vom 21/VI. 1865 unterscheidet „freie“ und „ermächtigte“ Syndikatsgenossenschaften. Die letzteren sind von den ersteren insofern bevorzugt, als sie bezüglich der Einziehung der Beiträge, der Rechnungsgebahrung, der Zwangsenteignung und der Entscheidung über Einräumung von Dienstbarkeiten gewisse in den Art. 15—19 des bez. Gesetzes geordnete Vorrechte genießen und als sie ferner, trotz ablehnender Erklärung einer Minderheit der Betheiligten durch den Bezirks-Präsidenten gebildet werden können, [1]) während zur Bildung einer freien Genossenschaft Einstimmigkeit erforderlich ist.[2]) Einer Beschränkung sind die ermächtigten Syndikatsgenossenschaften darin unterworfen, daß ihre Bildung nur zur Ausführung und Unterhaltung der im Art. 1 des bez. Gesetzes unter den Nr. 1—5 aufgeführten Arbeiten zulässig ist, freie Syndikatsgenossenschaften dagegen sich außer für die vorbezeichneten Zwecke auch noch für Be- und Entwässerungen, sowie für Feldwege ꝛc. bilden können.[3]) Durch die in § 1 des Gesetzes vom 11/V. 1877 enthaltene Bestimmung wird die Befugniß zur Bildung von ermächtigten Genossenschaften auf die bisher für freie Genossenschaften vorbehaltene Fälle, in welchen Ent- und Bewässerungs- oder Auflandungsarbeiten beabsichtigt werden, ausgedehnt. Es soll dadurch die Ausführung dieser durch ihre wirthschaftliche Bedeutung mehr in den Vordergrund getretenen Verbesserungen im Wege der Genossenschaftsbildung erleichtert und gefördert werden.“

§ 2 des Gesetzes vom 11/V. 1877 gibt dem Art. 12 des bez. Gesetzes den wichtigen Zusatz: Die Nichterscheinenden und Nichtabstimmenden werden als dem be-

---

[1]) Art. 12 ꝛc.
[2]) Art. 5 ꝛc. .
[3]) Art. 1. Nr. 6—8.

antragten Unternehmen beistimmend angesehen. Diese Rechtswirkung ist in der Ladung zur Generalversammlung auszusprechen. Die Begründung sagt: „Diese dem § 34 des badischen Gesetzes vom 25/VIII. 1876 entsprechende Bestimmung bezweckt in der Hauptsache die Herbeiführung einer erhöhten Theilnahme der Betheiligten bei der der Genossenschaftsbildung vorausgehenden Generalversammlung sowie eine für das Zustandekommen eines Unternehmens günstigere Berechnung der Stimmenmehrheit bei den maßgebenden Abstimmungen."

„§ 3 des Gesetzes vom 11/V. 1877 gestattet für Fälle, in welchen behufs genossenschaftlicher Ausführung einer Verbesserung ein Austausch von Grundstücken verschiedener Eigenthümer stattfindet, auch den Uebergang der mit den Grundstücken verbundenen Rechte und Lasten auf die ausgetauschten Grundstücke zu vereinbaren. Durch diese Bestimmung soll schwierigen Rechtsverwickelungen, besonders in Beziehung auf das Hypothekenwesen vorgebeugt werden. Dadurch erhält das bestehende Recht insofern eine zweckmäßige Ergänzung, als ein Grundstücksaustausch in vielen der bezeichneten Fällen höchst wünschenswerth ist, bisher aber durch die Gefahr solcher Rechtsverwickelungen vereitelt zu werden pflegte."

Ueber das Recht der Wasserentnahme aus Privatwasserläufen ist noch zu bemerken, daß die Befugnisse des Uferbesitzers unbedingt an den Besitz des Ufers gebunden sind und daß ihm über dieselben keine Verfügung zu Gunsten anderer Besitzer und anderer Grundstücke zusteht. Auch die Gesetze vom 29/IV. 1845 und 11/VII. 1847 haben die Befugniß der Wasserzuleitung über ein fremdes Grundstück nur dem beigelegt, der das Recht der Wasserentnahme schon hat. Den Nicht-Uferbesitzern kann aber das Recht der Wasserentnahme aus Privatwasserläufen nur zustehen: wenn ihre Grundstücke vormals Theile von Ufergrundstücken waren und von diesen erst später abgezweigt sind; auf Grund von Ortsstatuten oder Gewohnheit und auf Grund von Verjährung, wenn seit 30 Jahren Anlagen bestehen, welche das Wasser auf ihren Grund und Boden leiten. Dagegen ist es dem Uferbesitzer unbenommen, die Wasserentnahme, gleichviel wie weit in das Land die Grundstücke desselben vom Flusse aus sich erstrecken, auf alle diese auszudehnen. Vergrößert er diesen Besitz, so nehmen nach Ansicht verschiedener Rechtslehrer auch die hinzu erworbenen Ländereien an der Wassernutzung Theil. [1]) Durch Vertrag zwischen dem nutzungsberechtigten Uferbesitzer und einem anderen Besitzer, dessen Grundstücke nicht an den Fluß stoßen, kann ein Anspruch auf die Ausübung des gesetzlichen Nutzungsrechtes an dem Wasser nur dann begründet werden, wenn entweder die beiderseitigen Grundstücke als gemeinsames Eigenthum behandelt, oder in der Weise zusammengelegt werden, daß beide Besitzer an das Ufer stoßen. Grundbesitzer, welche für ihre an einander grenzenden Besitzungen über eine Anlage zur Benutzung des Wassers einverstanden sind, werden von vorstehenden Beschränkungen in ihren gemeinsamen Grenzen nicht betroffen. Ihre Besitzungen werden als ein einziges Grundstück angesehen, in dessen Bereiche sie über den Rückstau und die Zurückleitung des Wassers freie Hand behalten. Sobald dagegen ihre gemeinsamen Besitzungen am Ufer des Flusses durch ein anderes Grundstück unterbrochen werden, fällt diese Berechtigung fort. [2])

Der Landesausschuß von Elsaß-Lothringen hat in seinen Sitzungen v. 8—14/VII. 1875 bei der Berathung über die Verbesserung und Ergänzung des bestehenden Wasserrechts namentlich die Aufnahme einer Bestimmung in Vorschlag gebracht, durch welche den Besitzern auch solcher Grundstücke, welche nicht unmittelbar an den Wasserlauf anstoßen, ein Anspruch auf Benutzung desselben ausdrücklich gewährt wird. Die Regierung hat Bedenken getragen, diese Bestimmungen anzunehmen. Die Instruction vom 12—20/VIII. 1790 ertheilt den Bezirksverwaltungen die Befugniß, alle Gewässer ihres Bezirks im Sinne gemeinen Nutzens nach den Grundsätzen der Bewässerung zu leiten. Diese Bestimmung läßt einen Eingriff in das Privateigenthum zu, namentlich in so weit, als der Ueberschuß des Wassers, welcher nach Befriedigung des Gebrauchsbedürfnisses der Berechtigten verfügbar bleibt, anderen zugetheilt werden kann. Allein ein solcher Eingriff ist nur in der Voraussetzung statthaft, daß ein gemeiner

[1]) Ducrocq, 514. Demolombe XI. 152.
[2]) Nieberding S. 144.

Nutzen vorliegt, und das macht die Bestimmung in vielen Fällen zweifelhaft. Bei der Verhandlung der Bayernschen Abgeordnetenkammer über das Gesetz, die Benutzung des Wassers betreffend, vom 28/V. 1852 ist der fragliche Gegenstand so klar dargestellt, daß wir daraus Einiges anführen.[1]) Der Berichterstatter des Ausschusses sagt:

„Wir sind an Bestimmungen angelangt, welche ein Verfügungsrecht der Staatsgewalt über Privatwasser zum Nutzen dritter verlangen, von welchen man zwar nicht geradezu behaupten kann, daß es bisher gar nicht statt hatte, doch aber, daß es mindestens gegenüber dem Privateigenthume, wie solches durch gegenwärtiges Gesetz anerkannt wird, einen Eingriff in dieses Eigenthum enthält, welcher bei flüchtiger Anschauung als zu weit gehend betrachtet werden könnte. Kehrt man aber die nationalwirthschaftliche Seite des Gesetzes vor, — vergißt man nicht, daß das Privateigenthum an fließendem Wasser eben doch nichts weiter ist als ein Präzipuum von Gebrauchsrecht, — daß es gerade die Tendenz des gegenwärtigen Gesetzes, als eines Culturgesetzes ist, den Gebrauch des Wassers zu verbreiten, und so weit es immer geschehen kann, jedem möglich zu machen, — und beachtet man die großen Garantien, welche das Gesetz dabei dem primitiv Berechtigten gegen extravagante Eingriffe in sein Eigenthum gewährt, so verschwinden die Besorgnisse 2c."

„Man denke sich die gewöhnlichen Fälle; z. B. ein Landwirth muß eine Wasserfülle, welche einem Triebwerksbesitzer gehört, der sie nur halb braucht, unbenützt lassen, während er durch einen demselben vollkommen unschädlichen, mäßigen und geregelten Mitgenuß die Fruchtbarkeit seines Bodens und damit den Stand seiner Wirthschaft wohlfeil in bedeutendem Maße zu erhöhen vermöchte, — oder ein nicht adjazirender Landwirth bedarf nur einen kleinen Theil des Wassers seines am Flusse liegenden Nachbars, um dieselben Vortheile zu erzielen, welche dieser selbst hat, ohne daß das Interesse des letzteren auch nur einigermaßen dabei verkürzt wäre. Soll hier die bekannte Indolenz, der Eigensinn, Mißgunst und Vorurtheil im Kampfe gegen die Cultur das Feld unter allen Umständen

---

[1]) Pözl S. 212 2c.

behaupten dürfen, oder sollen solche Hindernisse durch das Gesetz entfernt werden?"

Es ist denn auch der Entwurf des beregten bayernschen Gesetzes in Art. 62 dahin angenommen, daß fremdes Wasser oder dessen Gefäll selbst von Nichtuferbesitzern in Anspruch genommen werden kann, wenn derjenige, welchem es gehört, es ganz oder theilweise nicht selbst gebraucht. Dabei wird vorausgesetzt, daß der bezweckte Gebrauch des Wassers einen bedeutenden, unzweifelhaften Nutzen für die Landescultur oder für die Industrie darbiete; u. dgl. m.

Offenbar geht auch der Wunsch des Landesausschusses nicht dahin, daß ein Anspruch auf Benutzung des Wasserlaufes dem Nichtuferbesitzer unbeschränkt zugesprochen werden soll; es scheint vielmehr die Bestimmung der Instruction vom 12—20/VIII. 1790 in so weit präcisirt werden zu wollen, daß ausdrücklich dem Nichtuferbesitzer ein bedingtes Mitgenußrecht an dem Wasserlaufe eingeräumt wird, damit eines Theils die Nichtuferbesitzer gewisse Anträge erheben können, andern Theils die Staatsgewalt ein bestimmtes Verfügungsrecht auszuüben vermag, ohne in Streit mit dem Uferbesitzer zu kommen. Hier stehen dem weniger Bedenken entgegen als in Bayern, weil die beregte Instruction der Bezirksverwaltung eine ausgedehnte Befugniß ertheilt, die, wenn man den gemeinen Nutzen in der Verbreitung des Wassergebrauches für die Förderung der Landescultur sich denkt, zu Gunsten des Nichtuferbesitzers sprechen wird.

Aus öffentlichen Gewässern hat Niemand, namentlich auch nicht der Uferbesitzer ein eigenes Recht auf Wasserentnahme. Der Bezirkspräsident kann jedoch solche Entnahme zugestehen, wenn dadurch die Schiff- und Floßfahrt nicht beeinträchtigt wird, insbesondere wenn es sich um eine Wasserentnahme mit Maschinen handelt und im Verhältniß zur Wassermenge die Benutzung des Wasserlaufs nicht merkbar beeinträchtigt wird, oder wenn es sich um eine vorübergehende Anlage handelt. Zur Errichtung einer dauernden oder zur Aenderung einer höheren Orts genehmigten Wasserableitung ist eine Kaiserliche Verordnung nöthig.[1]) Unter dieser Voraussetzung können auch

[1]) G. v. 9/III. 1798, V. v. 13/IV. 1861 D. 1. u. 2. Staatsr. v. 8/III. 1866.

Nichtuferbesitzer vermittelst des Wasserleitungsrechts Wasser aus öffentlichen Gewässern zur Bewässerung ihrer Grundstücke erlangen.[1])

§§ 60—70.

V. Die Sümpfe.

1. Die Austrocknung der Sümpfe.

Das Gesetz über Austrocknung der Sümpfe vom 16/IX. 1807 suchte in ausführlicher und verständiger Weise das ganze Entwässerungsrecht neu zu ordnen. In der damaligen Zeit mochte es angebracht sein, der Staatsverwaltung dabei ein weitgreifendes, unbedingtes Entscheidungsrecht einzuräumen, um so mehr, da der Gesichtspunkt nur auf größere Entwässerungsunternehmungen zum öffentlich Nutzen gerichtet war; allein die heutige Verwaltungspolitik im Verein mit der jüngsten Gesetzgebung bedingt ein milderes Verfahren, und deßhalb hat das Gesetz seine alte Bedeutung verloren. Ohne auf die Anträge und noch weniger auf die Zustimmung der Besitzer des zu entwässernden Grundes und Bodens Rücksicht zu nehmen, legt es die Anordnung wie auch die Leitung der für nöthig oder nützlich befundenen Entwässerungen in die Hand der Behörden, nimmt jedoch auf eine gewisse Vertretung und Mitwirkung der Besitzer bei der Ausführung und auf eine billige Uebertragung und Ausgleichung der mit dem Unternehmen verbundenen Lasten sorgfältig Bedacht. Die Vorschriften gehen sehr ausführlich in das Einzelne ein. Obgleich ihre Gültigkeit unbestritten ist, dieselben sogar in verschiedenen Punkten noch die einzige Grundlage bilden, so stehen sie doch in manchen Beziehungen mit der neueren Gesetzgebung und der modernen Cultur nicht mehr völlig im Einklange. Die Arbeiten, welche das Gesetz behandelt, sind sehr mannigfaltig und ebensowohl unter die Austrocknung von Sümpfen, als auch unter die Flußbettregulirungen, Schifffahrts-, Schutz- und Cultur-Unternehmungen zu stellen. Der Uebersichtlichkeit wegen und um Wiederholungen zu vermeiden,

---

[1]) G. v. 29/VI. 1845.

sind bei der vorliegenden Zusammenstellung der Wasser-gesetze die verschiedenen Gegenstände soweit thunlich getrennt und den bezüglichen Abschnitten zugewiesen. Wir ziehen daher hier nur die eigentliche Austrocknung der Sümpfe in Betracht.

Die Staatsregierung hat das Recht, diejenigen Ent-wässerungen anzuordnen und festzustellen, welche sie für nothwendig oder nützlich erachtet. Wenn die Betheiligten den Plan nicht annehmen, oder die gestellten Bedingungen nicht erfüllen wollen, oder wenn Gemeinden betheiligt sind, so soll die Ausführung unter den günstigsten Be-dingungen vergeben werden, wobei Betheiligte den Vorzug erhalten. Findet sich Niemand zur Ausführung bereit, so übernimmt dieselbe der Staat. Die Pläne werden auf Kosten der Unternehmer durch Staatsbaubeamte angefertigt. Die Vergebungen erfolgen durch im Kaiserlichen Rath erlassene Dekrete. Das zu den Entwässerungs-Anlagen nöthige fremde Land wird nach einer sachverständigen Ab-schätzung entschädigt. Vor und nach der Ausführung findet eine Werth-Abschätzung der Ländereien statt. Von dem durch die Verbesserung für die Ländereien erzielten höheren Werth erhält der Unternehmer einen vorher be-stimmten Antheil; ist der Staat Unternehmer, so wird ihm daraus nur der wirkliche Aufwand ersetzt. Die Ent-schädigung kann von den Eigenthümern in Boden oder in einer 4% ablösbaren Rente gegeben werden. Im Uebrigen verbleiben die verbesserten Ländereien den früheren Besitzern. Diesen fällt alsdann die Unterhaltung der ausgeführten Anlagen zur Last, und zwar ist zu dem Zweck eine Ord-nung und zum Vollzuge eine aus den Betheiligten zu-sammengesetzte Verwaltung zu errichten, worüber nach Begutachtung des Bezirksraths im Kaiserlichen Rath ent-schieden wird.

S. §§ 71—95.

2. Die Verbesserung ungesunder sumpfiger Gründe.

Die der Gesundheit oder den tiefer liegenden Grund-stücken durch Uerfluthungen schädlichen Teiche können auf Antrag der Gemeinderäthe und Beschluß der Bezirkstage beseitigt werden. Man nimmt an, daß die Kosten solcher Maßregeln dem Eigenthümer zur Last fallen.[1])

Nach dem Gesetze vom 16/IX. 1807 Art. 35—37 werden alle die Gesundheit betreffenden Arbeiten in Städten und Gemeinden von der Staatsregierung auf Kosten der betheiligten Gemeinden angeordnet, jedoch sollen diejenigen Privateigenthümer, welchen unmittelbare Vortheile dadurch zufließen, nach billigem Maßstabe dazu beitragen. Die Art und Weise der Ausführung dieser Arbeiten ist Sache der Bezirkspräsidenten und Bezirksräthe.

Ist zur Trockenlegung eine Wasserleitung über fremde Grundstücke zu legen und liegt die Arbeit einfach in der Hand eines Besitzers, so kann man die weitläufigen Vorschriften des Gesetzes vom 16/IX. 1807 umgehen und lediglich auf Grund des Gesetzes vom 29/IV. 1845 Art. 3 das Werk durchführen.

S. §§ 96—100.

3. Die Urbarmachung der den Gemeinden gehörenden Sümpfe und öden Ländereien.

Die Urbarmachungen von Gemeinde-Sümpfen können bei Weigerung des Gemeinderaths von der Staatsregierung nach Anhörung des Kaiserlichen Raths durch Kaiserliche Verordnung übernommen werden. Fehlen der Gemeinde die Mittel, so werden die Kosten vom Staate vorgeschossen und diesem entweder durch Versteigerung eines entsprechenden Antheils oder durch Abtretung der Hälfte des urbargemachten Landes erstattet. Letzteres ist jedoch binnen Jahresfrist nach Vollendung der Arbeit ausdrücklich zu erklären. Der Staat kann auch die Ländereien einem Unternehmer auf die Dauer von höchstens 27 Jahren unter den Bedingungen in Pacht geben, die Urbarmachungen zu beschaffen. Dabei finden die Bestimmungen des Gesetzes vom 10/VI. 1854 Anwendung. Erleidet der Staat hierdurch Einbußen, so ist für Elsaß-Lothringen die erforderliche Summe im Landeshaushaltsetat zur Verfügung zu stellen. Frankreich hatte für diesen Zweck 10 Millionen ausgesetzt.

S. §§ 101—108.

[1]) G. v. 11/IX. 1792.

C. Das Vorfluthsrecht und die Verpflichtung zur Unterhaltung der natürlichen und künstlichen Gewässer nebst Deichen und Kunstbauten.

Das bürgerliche Gesetzbuch hat sich darauf beschränkt, das Recht der Vorfluth allgemein festzustellen.[1]) Der Eigenthümer des unteren Grundstücks muß das natürlich abfließende Wasser und alle damit in Verbindung tretenden oder fortgeschwemmten Bestandtheile (Schlamm, Sand, Kies rc.) aufnehmen. Er darf durch keinerlei künstliche Anlagen den natürlichen Abfluß des Wassers zum Nachtheil des oberen oder angrenzenden Grundstücks hemmen und Rückstau rc. verursachen, noch sich einfriedigen und das Wasser auf die benachbarten Grundstücke ableiten. Dagegen darf der Eigenthümer des oberen Grundstücks nichts vornehmen, was die Dienstbarkeit erschwert, und zwar darf er weder das Wasser mit schädlichen Stoffen vermischen, oder in anderer Art verderben, noch in nachtheiliger Weise die natürliche Richtung des Wassers ändern, oder das Gefälle verstärken, oder andere Wasser mit zuleiten, ohne jedoch in den Arbeiten behindert zu sein, welche zur Verwandlung des Grundstücks nothwendig oder nützlich sind.

Bei den öffentlichen Flüssen liegen dem Staate als Eigenthümer derselben alle Wasserbauten ob, und es muß und wird deßhalb von selbst die Behandlung dieser Gewässer rücksichtlich ihrer Abflußfähigkeit dem allgemeinen Interesse entsprechen, nicht minder die wasserhoheitliche Befugniß der Staatsregierung ausreichen, um einem etwa hervortretenden Bedürfnisse durch den Erlaß von Verboten Genüge zu leisten. Zudem haben wir über diese Gewässer in Strompolizeiordnungen rc. ausführliche Vorschriften, welche ihrer Eigenthümlichkeit wegen für sich bestehen bleiben müssen; ihre Zusammenstellung würde aber dieser Schrift eine dem Verständnisse und der Anwendung nur

---

[1]) Art. 640.

nachtheilige, allzu große Ausdehnung geben. Was dagegen die Unterhaltung der Eindeichung und sonstigen Kunstbauten betrifft, so hat nur dann der Staat die Arbeit zu bestreiten, wenn es sich lediglich um die Interessen der Schifffahrt handelt. Sobald aber lediglich andere Interessen in Frage stehen, so liegen alle dazu gehörigen Arbeiten unter Anordnung der Staatsverwaltung den betheiligten Eigenthümern ob, welche zu diesem Behufe bei Austrocknung von Sümpfen in Zwangsgenossenschaften vereinigt werden können. Sind die Arbeiten auch im Interesse der Schifffahrt, so wird durch Verwaltungsordnung bestimmt, welchen Theil der Staat und welchen Theil die Eigenthümer aufzubringen haben. Ueber die Erhaltung jeder Verdeichungs- und Strombett-Regulirungs-Anlage muß, sofern es sich um Dienstbarkeiten auf fremden Grundstücken handelt, eine Ordnung aufgestellt und regierungsseitig genehmigt werden.[1] Die Abgaben werden wie die direkten Steuern erhoben.[2]

Bei den geschlossenen Privatgewässern erstreckt sich das Vorfluthsrecht auf das Wasser, welches auf dem oberen Grundstück entspringt oder sich darauf ansammelt, ohne daß die Hand des Menschen hierzu beigetragen hat. Auf Grund des Art. 640 des B. G. B. darf gleichfalls der Eigenthümer des Hauses das Wasser des Daches auf das Nachbargrundstück laufen lassen, sofern dasselbe auf sein Grundeigenthum fällt[3]) und natürlich abfließt. Der Eigenthümer des unteren Grundstücks ist nicht verpflichtet, Anstalten zu treffen, welche den Lauf des Wassers fördern und das obere Grundstück vor Rückstau und Ueberschwemmungen schützen; er muß dagegen dulden, daß der Eigenthümer des obern Grundstücks auf dem unteren die nöthigen Reinigungsarbeiten bei Versandungen ɔc. vornimmt.[4]) Er darf nur dann den Lauf des Wassers weniger schädlich für sein Grundstück machen, wenn die Vorrichtungen weder den oberen noch den angrenzenden Grundstücken Schaden bringen.

---

1) § 5 d. G. v. 11/V. 1877.
2) G. v. 16/IX. 1807. Art. 26 u. 34 u. v. 4/V. 1803.
3) Art. 681 d. B. G. B.
4) Art. 697 d. B. G. B.

Art. 640 d. B. G. B. hat das Vorfluthsrecht nur insoweit geschaffen, als der Unterlieger das **natürlich** abfließende Wasser vom Oberlieger aufnehmen muß. Der Oberlieger darf nichts unternehmen, was die Dienstbarkeit des Unterliegers erschwert. In der Erkenntniß, daß letztere Bestimmung die Entwässerung des Bodens unmöglich macht und geradezu das landwirthschaftliche Interesse verletzt, wurde zunächst eine Abweichung des bisherigen Rechtsstandes durch das Gesetz vom 29/IV. 1845 insoweit zugestanden, daß gegen Entschädigung die Wasserzuleitung als stattnehmig erklärt worden ist. Das Gesetz vom 10/VI. 1854 räumte alsdann gegen Entschädigung das Vorfluthsrecht von Rechtswegen jedem Eigenthümer für alle Fälle ein, ohne daß von vornherein darauf Gewicht gelegt zu werden braucht, für welche Zwecke die Entwässerungsarbeiten bestimmt sind.

Bei den **Privatwasserläufen** ist man weiter vorgegangen. Das Vorfluthsrecht wird nicht nur gegen willkührliche Störungen durch Menschenhand, sondern auch gegen Unordnungen in Folge natürlichen Verfalles an Bett und Ufer, sowie an Werken geschützt. Eine jede eigenmächtige Störung des freien Laufes der Flüsse ist untersagt. [1]) Die Instruction vom 12—20/VIII. 1790 macht es den Bezirksverwaltungen zur Pflicht, in den Flüssen den freien Ablauf des Wassers nicht nur zu wahren, sondern im Sinne gemeinen Nutzens zu leiten. [2]) Nach dem Gesetze vom 4/V. 1803 soll für die Räumung der natürlichen Privatwasserläufe und für die Unterhaltung der dazu gehörigen Deiche und Kunstbauten durch die älteren

[1]) G. v. 6/X. 1791 Tit. 2. Art. 15 u. 16. G. v. 9/III 1798 Art. 9.

[2]) Instruction in Gesetzform vom 12—20. August 1790 zur Ausführung des Gesetzes vom 22. December 1789— 8. Januar 1790, betreffend die Erhaltung der Flüsse ꝛc. Kapitel VI § 3 verpflichtet die Bezirksverwaltungen, „die Mittel aufzusuchen und anzugeben, durch welche den Gewässern freier Ablauf verschafft werden kann, zu verhindern, daß die Wiesen nicht durch zu starke Anspannung der Schleußen, der Mühlen und anderer an den Flüssen errichteter Kunstbauten überschwemmt werden; und endlich soweit als möglich alle Wasserläufe ihrer Bezirke im Sinne gemeinen Nutzens, nach den Grundsätzen der Bewässerungskunst zu leiten.“

Ordnungen oder durch die Ortsgewohnheiten vorgeschriebenen Weise (Art. 1) und bei eintretenden Schwierigkeiten oder Veränderungen durch die Staatsregierung im Verordnungswege (Art. 2) gesorgt werden.[1]) Der Bezirks-Präsident ist befugt Verfügungen zu treffen, durch welche die Ausführung der nothwendigen Räumungen nach Maßgabe der bestehenden älteren Ordnungen oder Ortsgewohnheiten sicher gestellt wird.[2]) Wo die bestehende Verpflichtung zur Räumung der natürlichen Wasserläufe nicht ausreicht, kann durch Kaiserliche Verordnung Vorsorge getroffen werden. Die Lasten dieser Räumung werden dann in Beziehung auf ihre Einziehung und Vertheilung gleich direkten Steuern nach Maßgabe der Gesetze vom 11/IV. 1832 und 4/VIII. 1844 behandelt, und alle Streitigkeiten in Betreff der Aufstellung der Beitragsrollen, der Eintreibung der Beiträge, auch der Einspruch belasteter Interessenten von der Regierung entschieden. Die Streitigkeiten in Betreff der Ausführung der Räumungsarbeiten unterliegen dann gleichfalls deren Entscheidung. Doch bleibt den Betheiligten hier unter einander über ihre gegenseitigen Verpflichtungen der Rechtsweg offen.[3]) Bei Entwässerungs-Unternehmungen sind die entwässerten Grundstücke, wenn dadurch die geregelten Ausgaben für einen Wasserlauf erschwert werden, als bei der Räumung interessirt anzusehen und dem Gesetze vom 4/V. 1803 entsprechend zu besteuern.[4]) Die Unterhaltung der Austrocknungsarbeiten fällt den Eigenthümern der urbar gemachten Fläche zur Last, wofür eine aus der Mitte der betheiligten Besitzer errichteten Verwaltung nach der festgestellten öffentlichen Ordnung Sorge zu tragen hat. Diejenigen Unterhaltungsarbeiten, welche ein öffentliches Interesse haben, insbesondere Eindeichungen, sind der Staatsverwaltung überwiesen, und durch Verwaltungsordnung wird bestimmt, welchen Theil der Staat und welchen Theil die Eigenthümer aufzubringen haben.[5]) — Ein gemeinschaftlicher Graben muß auf gemeinschaftliche Kosten

---

[1]) Ducrocq § 506.
[2]) G. v. 13/IV. 1861 Art. 8 D. 6.
[3]) G. v. 4/V. 1803. Art. 3 u. 4. Nieberding S. 73.
[4]) G. v. 17/VII. 1856 Art. 9.
[5]) G. v. 16/IX. 1807. Art. 25—27. 34.

unterhalten werden.[1]) Ueber die Benutzung und Erhaltung jeder Bewässerungs- und Entwässerungs-Anlage, sowie über die Erhaltung jeder Eindeichungs- und Strombett-Regulirungs-Anlage muß, sofern es sich um Dienstbarkeiten auf fremden Grundstücken handelt, eine Ordnung aufgestellt und regierungsseitig genehmigt werden.[2]) Für den Unterhalt der ausgetrockneten Sümpfe sind Syndikat-Vereinigungen statthaft.[3]) Für die Unterhaltung der Sumpfaustrocknungs-, Eindeichungs- und Räumungs-Unternehmungen können die betheiligten Eigenthümer auch in Zwangsgenossenschaften vereinigt werden.[4]) Endlich können freie und ermächtigte Genossenschaften nach dem Gesetz v. 21/VI. 1865 für alle Räumungs- und Unterhaltungsarbeiten gebildet werden.

Die alten Ordnungen und Ortsüblichkeiten entsprechen den neu entwickelten Culturzuständen nicht mehr, und deßhalb müssen gewöhnlich der Umfang und die Art der Unterhaltungsarbeiten verwaltungsseitig besonders verfügt werden. Dieses führt aber zu Weiterungen und für die Verpflichteten zu großen Unzuträglichkeiten, zumal bei neuen Räumungsordnungen allemal die Einholung Kaiserlicher Verordnung geboten ist. Die Unterhaltungspflicht

---

[1]) B. G. B. Art. 669.

[2]) G. v. 11/V. 1877 Art. 5.

[3]) Das Gesetz vom 23. Januar 1798 bestimmt über den Unterhalt ausgetrockneter Sümpfe: Art. 1. Alle Eigenthümer ausgetrockneter Sümpfe sind befugt, sich behufs Unterhaltung ihrer Anlagen zu versammeln und über ihre gemeinschaftlichen Interessen zu berathen. Art. 2. Sie sind gehalten, der Orts- und Bezirksverwaltung Tag, Ort und Tagesordnung ihrer Versammlung anzuzeigen. Art. 3. Liegt ein öffentliches Interesse vor, so soll ein Regierungs-Bevollmächtigter der Versammlung beiwohnen und das öffentliche Interesse vertreten. Art. 4. Die Berathungen und Beschlüsse der Genossenschaft werden nur dann vollstreckbar, wenn sie mit Stimmenmehrheit gefaßt und von der Bezirksverwaltung bestätigt sind. Art. 5. Der Vorstand der Genossenschaft ist nach stattgehabter Bestätigung befugt, die Beschlüsse zu vollziehen, alle Verfolgungen vor Gericht zu vertreten, Ausführungsordnungen zu ertheilen, vorbehaltlich des Widerspruchs oder der Berufung, wodurch die einstweilige Vollziehung nicht gehemmt wird.

[4]) G. v. 16/IX. 1807 Art. 7 und 26.

wird leichter getragen und erreicht eher ihr Ziel, wenn sie möglichst genau vorgeschrieben ist. Die Bezirksverwaltung von Lothringen hat dieses Bedürfniß gefühlt und durch eine Flußordnung vom 10/VIII. 1873 wenigstens in allgemeinen Grundzügen Abhülfe zu schaffen gesucht.

Die gewöhnlichen Räumungs- bzw. Unterhaltungsarbeiten bestehen namentlich: 1. in Auskrautung; 2. in Reinigen des Flußbettes und der Ufer von allen Abflußhindernissen; 3. in Sicherung der Ufer bzw. der Dämme gegen Abbruch oder Abtreibung, sowie in Erhaltung etwaiger Kunstwerke; 4. in Erweiterung und Vertiefung des Flußbettes, sofern Entwässerungs-Unternehmungen 2c. diese Arbeiten veranlassen und tragen.

Die Verpflichtung zur Räumung 2c. tragen diejenigen, welche an dem freien Abfluß des Wassers ein Interesse haben, und zwar nach Verhältniß dieses Interesses. Aeltere Ordnungen und Gewohnheiten können aber auch den Maßstab der Verpflichtung nach äußeren Merkmalen, z. B. nach der Uferlänge, bei Triebwerksbesitzern nach der Ausdehnung des Rückstaues 2c., bestimmen. Der Uferbesitzer hat unstreitig das nächste und unmittelbare Interesse an der Räumung bzw. Unterhaltung. Versäumt er diese, so ist er die daraus entstehenden Nachtheile zu tragen verbunden, weil sie eine natürliche Last seines Grundstücks bilden. Er ist dann auch, wenn nicht ausdrücklich andere Rechtsverhältnisse bestehen, als der Verpflichtete anzusehen. Sobald aber die dem Uferbesitzer zufallenden Arbeiten das Maß der Billigkeit überschreiten und sonstige Grundstücke bzw. Anstalten Nutzen davon ziehen, wie z. B. Entwässerungs-Unternehmungen 2c., so können auf Antrag die Besitzer dieser zur Beitragspflicht herangezogen werden und mit jenen gemeinsam einen Verband bilden.[1])

Die Unterhaltung der Eindeichungen und sonstigen Kunstbauten fällt nach regierungsseitig festgestellter Ordnung den Eigenthümern der gedeckten Grundstücke zur Last.[2])

Ueber Räumung der Wasserläufe, welche theilweise in Elsaß-Lothringen, theilweise in Frankreich liegen, ent-

[1]) G. v. 17/VII. 1856 Art. 9.
[2]) G. v. 16/IX 1807 Art. 26.

hält die Zusatzconvention zu dem am 10. Mai 1871 zu Frankfurt a. M. abgeschlossenen Friedensvertrag Folgendes:

Art. 15. Die hohen vertragenden Theile werden die Bildung von gemischten Commissionen (Syndikaten) erleichtern, welche die Reinigung und Unterhaltung der Wasserläufe überwachen sollen, von denen ein Theil in den abgetretenen Gebietstheilen liegt.

Der jetzige Zustand der Wasserläufe wird übrigens derart erhalten werden, daß die erworbenen Rechte sowohl der früher französischen Uferbewohner, welche jetzt deutsch geworden sind, als diejenigen der französisch gebliebenen Uferbewohner nicht beeinträchtigt werden.

S. §§ 110—119.

D. Die wirthschaftliche Zusammenlegung der Grundstücke.

Unter den Verbesserungen, aus welchen die Landwirthschaft die größten Vortheile ziehen kann, nimmt die Zusammenlegung der Grundstücke (auch Verkoppelung, Auseinandersetzung und Feldbereinigung genannt) unbestritten die erste Stelle ein; denn sie befreit den Grundbesitz von äußeren Hemmnissen, gewährt größere Freiheit in der Verfügung über das Eigenthum, durch sie gewinnen die Eigenthümer an Fläche und die Wirthschafter an Zeit, sie erleichtert die Aufsicht, erspart Arbeitskraft, erhöht die Ertragsfähigkeit des Bodens, erleichtert die Reinhaltung der Felder, gewährt ein zweckmäßiges Wegenetz, erhöht die Pachtpreise, vermindert Prozesse und Streitigkeiten ꝛc. An ihre Maßregeln schließen sich aber auch in regelmäßiger und ausgedehntester Weise die unter anderen Verhältnissen nicht so leicht und so durchgreifend ausführbaren genossenschaftlichen Ent- und Bewässerungen an, und deßhalb gehört diese Verbesserungsart jedenfalls mittelbar zum Bereich der Cultur-Wasserbauten. Bei diesen sind namentlich Wege-, Wasserlauf- und Grenzverlegungen so häufig, daß eine Auseinandersetzungbzw. ein Austausch einzelner Grundstücke fast stätig erforderlich ist. Wie alle Culturbauten, so erheischt auch die fragliche eine besondere Gesetzgebung, besondere Hülfsmittel und eine genau geregelte Durchführung. In Elsaß-Lothringen, wo diese Verbesserung bisher noch nicht oder nur unvollständig zur Ausführung gelangte, liegt die Ursache nicht in der Gleichgültigkeit der ländlichen Bevölkerung, sondern in der Unzulänglichkeit der zur Ausführung nothwendigen staatlichen Einrichtungen und der gewährten Mittel; denn wir finden nur in dem Gesetze vom 21. Juni 1865 Art. 1, Nr. 8 Feldwege und jede andere landwirthschaftliche Verbesserung, welche den Charakter eines Gesammtinteresses an sich trägt, also auch die fragliche, unter den Gegenständen der freien Genossenschaftsbildung, ohne irgend eine gesetzliche Feststellung, aufgezählt. Wo dagegen die nöthigen Einrichtungen und Mittel durch die Gesetzgebung geschaffen sind, da vollzieht sich auch die Durchführung der wirthschaftlichen Zusammenlegung in überraschend schneller und sicherer Weise, namentlich auch für die Cultur-Wasserbauten. Einen glänzenden Beweis dafür liefern die neuesten Erfolge der Zusammenlegungen (Feldbereinigungen) in Baden.

Uebrigens ist die Nützlichkeit dieser Culturunternehmung hier nicht fremd. Schon in der 1867 durch die französische Regierung über die Zustände des Ackerbaues angeordneten Untersuchung wird darauf hingewiesen. Beide Commissionen des Ober- und Niederelsaßes haben hinsichtlich des Grundbesitzstandes das wahre Uebel, welches zu bekämpfen sei, in der Vereinzelung der Grundstücke erkannt, und deßhalb ganz besonders die Vortheile des fraglichen Verfahrens hervorgehoben und bemerkt, daß diejenigen, welche in Deutschland zu Anfang die hartnäckigsten Gegner waren, später die eifrigsten Beförderer der Sache gewesen seien. Sie erklären sich denn auch entschieden für eine Verbesserung der Gesetzgebung in dieser Beziehung und weisen dabei auf die Gesetze von Bern und Baden hin.[1]) Der Landesausschuß von Elsaß-Lothringen hat in seinen Sitzungen im Februar 1877 bei der Berathung über die Verbesserung und Ergänzung des bestehenden Wasserrechts sich auch mit dem fraglichen Verfahren befaßt.

[1]) V. Enquête agricole, 13. circonscr. p. 80. 143. 440 et 441.

Das Gesetz vom 11/V. 1877 bestimmt in § 1, daß die Arbeiten, welche unter der Rubrik der Ziffer 8 im Art. 1 des Gesetzes über die Syndikat-Genossenschaften vom 21/VI. 1865 zu begreifen sind, sofern sie in Verbindung mit einer der unter Ziffer 1—7 bezeichneten Genossenschaft-Unternehmungen vorkommen, unter denselben Rechten wie diese stehen, d. h. die betreffenden Eigenthümer können durch Beschluß des Bezirkspräsidenten zu ermächtigten Genossenschaften, nach den Bestimmungen des genannten Gesetzes vereinigt werden. Auf den Antrag eines Mitgliedes, die vorstehende Bestimmung in der Weise umzuändern, daß die fraglichen Culturverbesserungen auf Grund des Syndikatsgesetzes unabhängig von der Verbindung derselben mit einer der im Art. 1, 1—7 des genannten Gesetzes aufgeführten Unternehmungen ermöglicht würden, — bemerkt der Regierungs-Commissär mit Recht, daß sich eine solche Umänderung nicht empfehle, da der Gesetzentwurf in der vorliegenden Fassung zunächst nur den Zweck einer Vervollständigung der Wassergesetzgebung verfolge und die Aufnahme der gewünschten Bestimmungen einen, dem Gesetz fremden Gegenstand in dasselbe hinein bringen würde. Sodann wäre die Aufnahme einer derartigen Aenderung für den beabsichtigten Zweck doch ungenügend, weil das Gesetz vom 21/VI. 1865 keine Einzelbestimmungen enthalte, welche sich auf diese Frage beziehen und welche unbedingt nöthig seien, wenn derartige Verbesserungen in größerem Umfange durchgeführt werden sollten.

Die Erneuerung des Katasters steht vor der Thür und wird zu einer besonderen Gesetzgebung in fraglicher Beziehung um so mehr drängen, da keine andere Maßregel in Verbindung mit der Vermessung, Bonitirung und Vermarkung der Liegenschaften die wirthschaftliche Zusammenlegung auf so einfache und billige Weise zur Geltung kommen läßt und über das ganze Land eine solche Menge von Culturbauten, insbesondere ein solches Netz von Wegen und Wasseranlagen verbreiten kann, als durch das planvolle Zusammenfassen der lokalen Kräfte nur möglich ist.[1])

[1]) Bezüglich der Erneuerung des Katasters spricht im Landesausschuß v. 19/II 1877 bei Berathung des Etats der Verwaltung der direkten Steuern Mitglied Flurer: „Es ist mehr als

Die fraglichen Unternehmen sind bei Cultur-Wasserbauten auf einfache Weise durchzuführen, selbst ohne Aufwendung besonderer staatlicher Mittel und ohne Anwendung eines anderen Zwanges als den, welcher in dem erleichterten Vollzuge gewährt wird. Das Gesetz vom 21/VI. 1865 gestattet schon die Bildung von freien Genossenschaften zur Durchführung der fraglichen Unternehmen. Zur Bildung einer freien Genossenschaft ist aber Einstimmigkeit nothwendig, und deßhalb ist dieses Verfahren unpraktisch und jener Ausdruck mehr eine schön klingende Redensart. Das Gesetz von 1877 läßt dagegen in Verbindung mit Cultur-Wasserbauten die Eigenthümer der fraglichen Unternehmen durch Beschluß des Bezirkspräsidenten zu ermächtigten Genossenschaften vereinen. Damit ist der nöthige Zwang gegeben, daß gegen den Willen einzelner Eigenthümer das Verfahren nach dem vorberegten Gesetze durchgeführt werden kann, wie unter Abschnitt E näher behandelt wird. Ebendaselbst

---

dreißig Jahre her, daß die Aufstellung des Katasters stattgefunden hat; seitdem sind aus kahlen Abhängen blühende Weinberge geworden; wo früher Sumpf und Moorland war, erblickt man jetzt fette Wiesen, und wilde Waldstrecken haben sich in fruchtbares Ackerland verwandelt. Dieser Grund und Boden ist seiner Zeit nach dem damaligen Werthe abgeschätzt worden und diese Abschätzung dient auch heute noch zur Grundlage der Besteuerung; es ist dies ein offenbares Unrecht und ich bitte daher dringend die Regierung, die Erneuerung des Katasters so viel wie möglich zu beschleunigen." Hierauf erwidert der Oberpräsident: „In dem Commissionsbericht ist bereits gesagt, daß die Mitglieder der Commission für die Revision des Katasters nächstens zusammentreten werden. Die Vorlage kann erst nach Beendigung der Vorarbeiten, welche noch nicht vollständig sind, gemacht werden." Die Sache ist also in gutem Flusse, und wir heben nur noch hervor, daß dazu nicht allein die Besteuerung, sondern auch die Herstellung der Rechtssicherheit antreiben muß. Es führt dieses zugleich auf den Erlaß einer zweckmäßigen Grundordnung, welche für Hebung des Credits, zumal des Realcredits von großer Wichtigkeit ist. Die Einführung der unbedingten Beweiskraft der Grundbücher, die Erleichterung der Eintragungen und der Löschungen, sowie die Möglichkeit, den eigenen Besitz auch ohne Vorhandensein eines dritten Gläubigeres zu beleihen, — wird den Credit des Grundbesitzers erheblich fördern. Baden kann in dieser Beziehung als Muster dienen.

findet sich das Verfahren bei Austausch der Grundstücke zur Verhütung von Rechtsverwickelungen beleuchtet.

Bei der Durchführung der wirthschaftlichen Zusammenlegung können einzelne Bestimmungen des bürgerlichen Gesetzbuches, insbesondere die über die Dienstbarkeiten und über die Theilung, sowie des Ruralgesetzes vom 6/X. 1791, insbesondere die über die Heerden, geschlossenen Grundstücke und über die Gemeindeweide und Stoppelhütung, Anwendung finden, weßhalb wir darauf verweisen.[1])

S. §§ 120 u. 121.

---

[1]) Art. 646. Jeder Eigenthümer kann seinen Angrenzer zur Abmarkung (Grenzbestimmung) nöthigen. Die Abmarkung geschieht auf gemeinschaftliche Kosten.

Art. 647. Jeder Eigenthümer ist berechtigt, sein Grundstück einzuschließen, jedoch unter der im 682 Art. festgesetzten Ausnahme.

Art. 648. Der Eigenthümer, der sich einschließen will, verliert sein Recht an der Gemeindeweide auf ungebauten Feldern, nach Verhältniß des Bodens, den er ihr dadurch entzieht.

Art. 670. Jede Hecke, welche Grundstücke scheidet, wird für gemeinschaftlich gehalten, ausgenommen, wenn nur eins dieser Grundstücke abgeschlossen ist, oder schriftliche Beweise, oder ein hinlänglicher Besitzstand das Gegentheil zeigen.

Art. 671. Man darf hochstämmige Bäume nur in der Entfernung pflanzen, welche durch die besonderen wirklich bestehenden Verordnungen, oder durch beständige und anerkannte Gebräuche vorgeschrieben ist, und, wo keine Verordnungen und Gebräuche vorhanden sind, sollen von der Linie, welche die beiden Grundstücke scheidet, hochstämmige Bäume zwei Meter, andere Bäume und lebendige Hecken hingegen einen halben Meter entfernt sein.

Art. 672. Der Nachbar hat das Recht zu fordern, daß die Bäume und Hecken, welche in einer kleineren Entfernung gepflanzt sind, ausgerissen werden. — Derjenige, auf dessen Eigenthum die Aeste der seinem Nachbar zugehörigen Bäume überhangen, kann letzteren zwingen, diese Aeste abzuschneiden. — Sind es Wurzeln, die sich auf seinen Bodeu erstrecken, so hat er das Recht sie dort selbst abzuschneiden.

Art. 673. Bäume, die sich in einer gemeinschaftlichen Hecke befinden, sind gemeinschaftlich, wie die Hecke selbst, und ein jeder von beiden Eigenthümern hat das Recht zu fordern, daß sie gefällt werden.

Art. 682. Der Eigenthümer, dessen Grundstücke überall eingeschlossen sind, und der keinen Ausweg auf die öffentliche

E. Die Syndikat-Genossenschaft.

Für alle Cultur-Wasserbauten ist von besonderer Wichtigkeit das Gesetz vom 21. Juni 1865 über die Syndikat-Genossenschaft. Es bringt die Bestimmungen der verschiedenen Einzelgesetze in ein gemeinsames Verfahren, gibt einzelne praktische Ergänzungen und erleichtert die Durchführung gewisser Gattungen von Culturarbeiten. Sämmtliche vorher behandelte Unternehmen fallen unter dieses Gesetz, selbst diejenigen, welche ein allgemeines und nicht bloß landwirthschaftliches Interesse haben.

Straße hat, darf zur Benutzung seines Grund und Bodens einen Weg über die Grundstücke seiner Nachbarn fordern, mit dem Bedinge, ihnen einen Ersatz zu leisten, welcher dem Schaden angemessen ist, den er dadurch veranlassen kann.

Art. 683. Der Weg muß der Regel nach auf der Seite genommen werden, wo er von dem eingeschlossenen Grundstücke am kürzesten zur öffentlichen Straße führt.

Art. 684. Er muß jedoch an dem Orte angewiesen werden, wo er demjenigen, über dessen Grundstück er gestattet wird, am unschädlichsten ist.

Art. 685. Die Klage auf Entschädigung, welche für den im 682. Art. angeführten Fall eintritt, ist der Verjährung unterworfen, und der Durchweg muß verstattet werden, obschon die Klage auf Entschädigung nicht mehr zuläßig ist.

Art. 686. Den Eigenthümern ist es erlaubt, ihr Eigenthum mit jeder Dienstbarkeit zu belasten, oder zum Vortheile ihres Eigenthums jede Grundgerechtigkeit zu erwerben, die sie für gut finden, vorausgesetzt jedoch, daß die Dienstbarkeiten nicht der Person, sondern nur einem Grundstücke zum Vortheile bestellt werden, und daß übrigens diese Servituten nichts enthalten, was der öffentlichen Ordnung zuwider ist. — Der Gebrauch und der Umfang der auf diese Weise bestellten Dienstbarkeiten werden durch die Urkunde, worin sie eingeräumt worden sind, und wenn keine vorhanden ist, nach folgenden Grundsätzen bestimmt. Vgl. Art.: 687, 688 und 689.

Art. 697. Wer zu einer Dienstbarkeit berechtigt ist, hat zugleich das Recht, alle Anlagen zu machen, die erforderlich sind, um sie zu benutzen und zu erhalten.

Art. 698. Diese Anlagen geschehen auf seine Kosten, nicht auf Kosten des Eigenthümers des belasteten Grundstückes, in

Das Gesetz unterscheidet freie und ermächtigte Genossenschaften. Die ersteren bilden sich im Wege freier Vereinigung mit Einstimmigkeit der Genossen. Größere Unternehmungen werden sich auf diese Grundlage hin schwerlich jemals einrichten lassen, da der Geist des Widerspruchs in den nützlichsten Bestrebungen Einzelne gar häufig blendet. Jede freie Genossenschaft kann durch Stimmenmehrheitsbeschluß und Beschluß des Bezirkspräsidenten sich in eine ermächtigte verwandeln. Auch das hat keinen praktischen Werth, da immer erst die Wandlung der freien Genossenschaft durchschritten sein muß. Die ermächtigten Genossenschaften bilden sich außerdem geradezu auf Vor-

---

so fern die Verleihungsurkunde der Dienstbarkeit nicht ein anderes bestimmt.

Art. 699. Selbst in dem Falle, wo dem Eigenthümer des belasteten Grundstückes durch diese Verleihung die Verbindlichkeit auferlegt ist, die zum Gebrauche oder zur Erhaltung der Dienstbarkeit erforderlichen Anlagen auf seine Kosten zu machen, kann er noch immer sich seiner Verbindlichkeit dadurch entledigen, daß er das belastete Grundstück abtritt.

Art. 700. Wird das Grundstück, für welches die Dienstbarkeit errichtet worden ist, getheilt, so folgt die ihr entsprechende Grundgerechtigkeit zwar noch immer jedem abgesonderten Theile, und gebührt ihm, wie vorher; der Zustand des belasteten Grundstückes darf indessen hierdurch nicht erschwert werden. Wenn also z. B. von dem Rechte die Rede ist, seinen Weg über eines andern Grund zu nehmen, so sind alle Miteigenthümer verbunden, bei der Ausübung dieses Rechtes denselben Weg einzuhalten.

Art. 701. Der Eigenthümer des mit der Dienstbarkeit belasteten Grundstückes darf nichts unternehmen, was dahin zielt, ihren Gebrauch zu schmälern, oder unbequemer zu machen. — Er darf also den Zustand der Orte nicht verändern, noch die Ausübung der Dienstbarkeit auf eine Stelle verlegen, auf die sie nicht ursprünglich angewiesen worden ist. Wenn indessen diese ursprüngliche Anweisung dem Eigenthümern des belasteten Grundstückes beschwerlicher geworden wäre, oder ihn verhinderte, dort nützliche Verbesserungen vorzunehmen, so wäre er berechtiget, dem Eigenthümer des andern Grundstückes einen zur Ausübung seiner Rechte eben so bequemen Platz anzubieten, und dieser könnte ihn nicht ausschlagen.

Art. 702. Derjenige, der zu einer Dienstbarkeit berechtigt ist, kann sie von seiner Seite nur nach Inhalt seiner Verleihung in Ausübung bringen, und er darf weder auf dem Grundstücke, das mit der Dienstbarkeit belastet ist, noch mit dem Grundstücke, dem die Gerechtigkeit zusteht, eine Veränderung vornehmen, welche den Zustand des ersteren erschwert.

gehen eines oder mehrerer der betheiligten Eigenthümer als auch auf dasjenige des Bezirkspräsidenten. Die ersteren können sich für alle im ersten Artikel des Gesetzes aufgeführten Genossenschaftszwecke ohne Ausnahme bilden, während den letzteren dieses nur für die zuerst aufgeführten fünf Zwecke derselben zuerkannt war. Das Gesetz vom 11/V. 1877 lässt in § 1 eine wichtige Ergänzung dieser Bestimmung eintreten, indem die Eigenthümer der unter Ziffer 6 und 7 aufgeführten Arbeiten unbedingt, der unter Ziffer 8 bezeichneten Arbeiten aber nur in Verbindung mit einer der unter Ziffer 1—7 bezeichneten Genossenschafts-Unternehmungen — durch Beschluß des Bezirkspräsidenten

Art. 815. Niemand kann gezwungen werden, in der Gemeinschaft zu bleiben, und auf Theilung kann jederzeit angetragen werden, aller entgegengesetzten Verbote und Verträge ungehindert. Man kann jedoch dahin übereinkommen, daß die Theilung während einer bestimmten Zeit ausgesetzt bleiben soll; diese Uebereinkunft kann nicht über fünf Jahre verbindlich sein; sie kann aber erneuert werden.

Ruralgesetz v. 6/X. 1791 Tit. 1 Absch. 4.

Art. 2. Die wechselseitige Dienstbarkeit zwischen Kirchspielen, die unter dem Namen „Weidstrich“ bekannt ist und das Recht der „Stoppelweide“ in sich begreift, soll einstweilen mit den in gegenwärtigem Abschnitte festgesetzten Einschränkungen fortdauern, wenn sie auf einem Rechtstitel oder einem durch die Gesetze und das Herkommen ermächtigten Besitz beruht; in allen anderen Hinsichten ist sie aber abgeschafft.

Art. 3. Das Recht der Stoppelweide in einem Kirchspiel mit der Dienstbarkeit des Weidstrichs verbunden oder nicht, kann nur an den Orten statthaben, wo es sich auf einen besonderen Rechtstitel gründet oder durch das Gesetz oder älteren Ortsgebrauch ermächtigt wird und unter der Bedingung, daß die Stoppelweide daselbst nicht anders ausgeübt werde, als nach den Regeln und Ortsgebräuchen, welche den in den folgenden Artikeln angegebenen Ausnahmen nicht zuwider laufen dürfen.

Art. 4. Das Recht seine Grundstücke einzufriedigen und zu öffnen ist eine wesentliche Folge des Eigenthumsrechtes und kann keinem Eigenthümer bestritten werden; alle entgegenstehenden Gesetze und Gebräuche sind abgeschafft.

Art. 5. Das Recht des Weidstrichs und das einfache Recht der Stoppelweide können in keinem Falle einen Eigenthümer hindern seine Grundstücke einzufriedigen; so lange ein Grundstück in der nachbezeichneten Weise eingefriedigt ist, kann es weder dem einen noch dem andern Rechte unterworfen werden.

zu ermächtigten Genossenschaften vereinigt werden können. Dieses wird im Entwurfe durch Folgendes begründet:

„Das die Bildung von Syndikats-Genossenschaften zur Ausführung von landwirthschaftlichen Verbesserungen betreffende Gesetz vom 21/VI. 1865 unterscheidet freie und autorisirte Syndikats-Genossenschaften. Die letzteren sind von den ersteren insofern bevorzugt, als sie bezüglich der Einziehung der Beiträge, der Rechnungsgebahrung, der Zwangsenteignung und der Entscheidung über Einräumung von Servituten gewisse in den Artikeln 15—19 des eben bezeichneten Gesetzes geordnete Vorrechte genießen und als sie ferner, trotz ablehnender Erklärung einer Minderheit

Art. 6. Ein Grundstück wird als eingefriedigt erachtet, wenn es von einer 4 Fuß hohen Mauer mit Schlagbaum und Thüre umgeben oder vollständig mit Palissaden oder Gitterwerk versehen und eingepaßt, oder mit einem lebenden Zaun, der aus Pfählen besteht und mit Zweigen ausgeflochten oder auf andere gebräuchliche Weise verfertigt ist; oder aber mit einem Graben von mindestens 4 Fuß oberer Breite und zwei Fuß Tiefe umgeben ist.

Art. 7. Die Einfriedigung befreit ebenfalls von dem Rechte der Stoppelweide, das unter Privaten wechselseitig oder nicht wechselseitig stattfindet, wenn es nicht auf einen Titel beruht; alle entgegenstehenden Gesetze sind abgeschafft.

Art. 8. Unter Privaten sind alle auf einen Titel beruhenden Rechte der Stoppelweide, selbst in den Wäldern, abklärbar und zwar nach Maßgabe der Schätzungen Sachverständiger nach dem Vortheil, welchen der Besitzer des Rechts dann ziehen könnte, wenn es nicht wechselseitig wäre und mit Berücksichtigung des Nachtheiles, welcher einem der Eigenthümer durch den Verlust der Wechselseitigkeit, falls diese bestände, erleiden würde; in allen diesen Fällen bleibt jedoch das Recht auf Abtheilung (cantonnement) sowohl für die Privaten, als die Gemeinden nach Maßgabe des Decrets vom 17., 19 und 20. Sept. 1790 Art. 8 bestehen.

Art. 9. Das Recht des Weidstrichs und der Stoppelweide darf in keinem Falle und zu keiner Zeit auf künstlichen Wiesen (Klee und Grasfeldern), noch auf besäeten oder mit Bodenerzeugnissen irgend einer Art bedeckten Grundstücken anders als nach der Ernte ausgeübt werden.

Art. 10. Ueberall, wo die natürlichen Wiesen dem Weidstrich oder der Stoppelweide unterworfen sind, sollen diese einstweilen nur zu der durch Gesetze oder Herkommen erlaubten Zeit und niemals vor der Ernte des ersten Grases stattfinden.

der Betheiligten durch den Bezirks-Präsidenten gebildet werden können,[1]) während zur Bildung einer freien Genossenschaft Einstimmigkeit erforderlich ist.[2]) Einer Beschränkung sind die autorisirten Syndikats-Genossenschaften darin unterworfen, daß ihre Bildung nur zur Ausführung und Unterhaltung der im Artikel 1 des bezeichneten Gesetzes unter den Nummern 1—5 aufgeführten Arbeiten zulässig ist, freie Syndikatsgenossenschaften dagegen sich außer für die vorbezeichneten Zwecke auch noch

1. für Bewässerungs- und Auflandungs-Anlagen;
2. für Drainage und
3. für Anlage von Feldwegen, sowie für jede andere landwirtschaftliche Verbesserung, welche einem Gesammtinteresse dient,

bilden können.[3]) Durch die in § 1 des Entwurfes enthaltene Bestimmung wird die Befugniß zur Bildung von autorisirten Genossenschaften auf die bisher für freie Genossenschaften vorbehaltenen Fälle, in welchen Drainage, Bewässerungs- oder Auflandungsarbeiten beabsichtigt werden, ausgedehnt. Es soll dadurch die Ausführung dieser durch ihre wirthschaftliche Bedeutung mehr in den Vordergrund getretenen Verbesserungen im Wege der Genossenschaftsbildung erleichtert und gefördert werden. Im letzten Satze wird vorgesehen, daß diese Bestimmung sich auch auf die

---

Art. 11. Das dem Eigenthümer zustehende Recht seine Grundstücke einzufriedigen, findet auch bezüglich der Wiesen in den Kirchspielen statt, in welchen sie ohne Eigenthumstitel allen Bewohnern lediglich durch die Benutzung gemeinsam werden, sei dies nun unmittelbar nach der Ernte des ersten Grases oder zu jeder andern Zeit.

Art. 17. Die Gemeinde, deren Recht des Weidstrichs in einem benachbarten Kirchspiel durch Einfriedigungen auf Grund des Art. 6 des gegenwärtigen Abschnittes geschmälert würde, kann deßhalb und selbst wenn ihr Recht auf einem Titel beruht, keine Entschädigung beanspruchen, wohl aber ist diese Gemeinde berechtigt der wechselseitigen Befugniß aus dem Weidstrich zwischen ihr und dem Nachbarkirchspiel zu entsagen; auch steht ihr dies frei, wenn der Weidstrich auf dem Eigenthum einer Privatperson ausgeübt worden.

[1]) Art. 12 ꝛc.
[2]) Art. 5. ꝛc.
[3]) Art. 1, 8.

vorhin unter 3 aufgeführten Arbeiten — Anlage von Feldwegen ꝛc. beziehe, sofern dieselben mit einer der angeführten übrigen Arbeiten verbunden sind."

Sobald die Anregung gegeben ist, unterwirft der Bezirkspräsident die gefertigten Pläne, Entwürfe und Voranschläge der Arbeiten, sowie den Entwurf der Genossenschaft einer verwaltungsseitigen Untersuchung, beruft nach deren Abschluß alle betheiligten Grundeigenthümer zu einer Versammlung und läßt von dieser unter einem von ihm ernannten Vorsitzenden durch Stimmenmehrheit unter Zurechnung der schriftlich abgegebenen Stimmen über die Gründung der Genossenschaft beschließen. Als Mehrheit für den Entwurf genügt:

entweder die unbedingte Mehrheit der Betheiligten, sofern dieselbe zugleich $^2/_3$ des betheiligten Grundbesitzes vertritt, oder die Stimmzahl von $^2/_3$ der Betheiligten, sofern dieselbe mindestens die Hälfte des Grundbesitzes vertritt. Bejahenden Falls ermächtigt der Bezirkspräsident die Genossenschaft, worüber bei Berufung der Kaiserliche Rath entscheidet.

Das Gesetz vom 11/V. 1877 enthält in § 2 über die Beschlußfassung der Betheiligten eine nützliche Bestimmung, indem der Art. 12, Absatz 1 des Gesetzes vom 21/VI. 1865 folgenden Zusatz bekommen hat:

„Die Nichterscheinenden und Nichtabstimmenden werden als dem beantragten Unternehmen beistimmend angesehen."

„Diese Rechtswirkung ist in der Ladung zur Generalversammlung auszusprechen."

In der Begründung des Entwurfes heißt es: „Diese dem § 34 des badischen Gesetzes vom 25/VIII. 1876 entsprechende Bestimmung bezweckt in der Hauptsache die Herbeiführung einer erhöhten Theilnahme der Betheiligten bei der der Genossenschaftsbildung vorausgehenden Generalversammlung, sowie eine für das Zustandekommen eines Unternehmens günstigere Berechnung der Mehrheit bei den maßgebenden Abstimmungen."

Der Berichterstatter der Commission des Landesausschusses spricht darüber in der Versammlung im Februar 1877: „Der § 2 enthält eine Bestimmung, die unter § 7 des Entwurfs vom Jahre 1875 aufgeführt war. Sie werden daraus ersehen, daß die Stimme der nichterscheinenden oder nichtabstimmenden Interessenten als dem beantragten Unternehmen beistimmend angesehen werden. Diese Bestimmung ist sehr verständig; denn es kommt sehr oft vor, daß Eigenthümer aus Gleichgültigkeit oder aus einem ganz anderen Grunde der an sie ergangenen Einladung keine Folge geben oder sich damit begnügen, zu sich selbst zu sagen, sie seien mit allem, was beschlossen werde, einverstanden. Das allgemeine Interesse darf unter der Gleichgültigkeit oder dem schlechten Willen von einigen Wenigen nicht leiden. Auch ist diese Bestimmung von Ihrer Kommission mit allen gegen eine Stimme angenommen. Dieses Mitglied nämlich verlangt, daß die Stimmen der Nichterscheinenden in dem Verhältnisse der von den Erscheinenden abgegebenen Stimmen unter einander vertheilt werden. Dieser Vorschlag ist nicht angenommen, weil die interessirten Eigenthümer ganz gut werden wissen können, daß, wenn sie sich nicht betheiligen, ihre Stimme als dem Unternehmen günstig angesehen werden, da der letzte Absatz dieses Paragraphen klar besagt, daß diese Rechtswirkung in der Ladung der Interessenten zur Generalversammlung auszusprechen ist. Indessen wünscht Ihre Kommission eine ausdrückliche Bestimmung, daß die Eigenthümer sich durch eine einfache Vollmacht auf Freipapier, die kostenlos ist, nicht dem Enregistrement unterliegt und vom Bürgermeister beglaubigt wird, repräsentiren lassen können. Gibt man diese Freiheit zu, so wird man die zahlreichen Zusammenkünfte sehr erleichtern, denn viele Personen, welche sich zu der Versammlung nicht begeben können, werden sich gerne vertreten lassen, wenn die zu erfüllenden Formalitäten nicht zu lästig oder selbst zu kostspielig sind."

Streitigkeiten über die Bestimmung des lokalen Umkreises der Betheiligung, über die Klassifizirung der Ländereien hinsichtlich ihrer Beitragslast und ihres Interesses an der Unternehmung, sowie über die Ausführung der Arbeiten beurtheilt in erster Instanz der Bezirksrath, in zweiter Instanz der Kaiserliche Rath.[1])

Alle Genossenschaften genießen des Privilegs der juristischen Persönlichkeit,[2]) die freien jedoch nur, sofern

[1]) Art. 12, 13, 16.
[2]) Art. 3.

der Genossenschaftsakt in einem amtlichen Anzeigeblatt des Kreises oder des Bezirks bekannt gemacht ist.[1]) Für die freien Genossenschaften ist dieses das einzige Privileg, während die ermächtigten, wie wir gesehen haben, noch andere Vorrechte genießen. Von letzteren sind noch die Zwangsgenossenschaften, welche nach der älteren Einzelgesetzgebung für Eindeichungs-, Sumpfaustrocknungs- und Räumungs-Unternehmungen gebildet werden können, zu unterscheiden. Den Zwangsgenossenschaften legen die Gesetze keinerlei Vorrechte ausdrücklich bei, nicht einmal das der juristischen Persönlichkeit. Sie erscheinen lediglich als Gemeinschaften zu bestimmten Leistungen persönlich Verpflichteter.

Das fragliche Gesetz enthält nur über Grund-Enteignungen,[2]) nicht über Austausch von Grundstücken verschiedener Eigenthümer Bestimmungen. Letztere sind aber bei größeren Cultur-Wasserbauten, von der wirthschaftlichen Zusammenlegung der Grundstücke ganz abgesehen, unumgänglich nöthig, da ohne solche bei der geltenden Gesetzgebung gefährliche Rechtsverwickelungen entstehen können. Die Regierung hat dieses erkannt und durch § 3 des Gesetzes vom 11/V. 1877 Abhülfe geschaffen. In der Begründung des Entwurfes wird gesagt: „der § 3 gestattet für Fälle, in welchen behufs genossenschaftlicher Ausführung einer Verbesserung ein Austausch von Grundstücken verschiedener Eigenthümer stattfindet, auch den Uebergang der mit den Grundstücken verbundenen Rechte und Lasten auf die ausgetauschten Grundstücke zu vereinbaren. Durch diese Bestimmung soll schwierigen Rechtsverwickelungen, besonders in Beziehung auf das Hypothekenwesen vorgebeugt werden. Dadurch erhält das bestehende Recht insofern eine zweckmäßige Ergänzung, als ein Grundstücksaustausch in vielen der bezeichneten Fälle höchst wünschenswerth ist, bisher aber durch die Gefahr solcher Rechtsverwickelungen vereitelt zu werden pflegte."

Die Streitigkeiten über Dienstbarkeiten werden für alle in Art. 1 bezeichneten Culturbauten nach Maßgabe des § 4 des Gesetzes vom 11/V. 1877 in erster Instanz

---

[1]) Art. 3, 6, 7.
[2]) Art. 18.

von dem Friedensrichter, in zweiter von dem Landgerichte entschieden. Zweckmäßig würde sein, für alle bei Cultur-Unternehmungen stattfindenden Streitigkeiten Schiedsgerichte zu bestellen. Diese verdienen besonders zur Vermeidung langer und kostspieliger Prozesse, sowie zur besseren Berücksichtigung des sachlichen Rechts begünstigt zu werden. Mit Ausschließung der Berufung wird das Verfahren jedenfalls erheblich abgekürzt. Allerdings bietet für die Bestellung derselben das dritte Buch des Code de procédure civile die erforderliche Grundlage, indessen für die vorliegenden Fälle müßten in einem entsprechenden Verhältniß bestimmte Schiedsgerichte festgestellt werden.

Wenn es sich um Unternehmungen zur Austrocknung von Sümpfen, Ausbeutung von Salzsümpfen und Verbesserung feuchter und ungesunder Ländereien handelt, so können widerwillige Eigenthümer binnen Monatsfrist nach Bekanntmachung der amtlichen Ermächtigung, ihre im lokalen Umkreis der Unternehmung belegenen Grundstücke der Genossenschaft gegen Entschädigung zur Verfügung stellen.[1])

Zum Zweck des Uferschutzes, der Räumung und Regulirung der Wasserläufe und der Austrocknung von Sümpfen können beim Mangel der Bildung entsprechender Genossenschaften die Gesetze vom 16/IX. 1807 und 4/V. 1803 nach wie vor gehandhabt werden, wobei jedoch zur Entscheidung von Streitigkeiten an die Stelle der besonderen Kommission der Bezirksrath tritt.[2]) Damit hat die Staatsgewalt das Recht in Anspruch genommen, die Verpflichteten unmittelbar zur Erfüllung der in diesen Gesetzen vorgeschriebenen Leistungen zu nöthigen, allein der heurigen Verwaltungspolitik würde eine Kommission, welche aus den Mitgliedern des Bezirkstages hervorgehen könnte, unter Leitung des Bezirkspräsidenten und unter Beistand eines Rechts- und eines Sachkundigen entsprechender sein.

Die Bestimmung in § 5 d. G. v. 11/V. 1877 entspricht einem anerkannten Bedürfniß, indem im Interesse einer geregelten Benutzung und Unterhaltung bereits ausgeführte Verbesserungsanlagen, bei welchen eine Mehrheit von

[1]) Art. 14.
[2]) Art. 26.

Personen, sei es durch Besitz oder Servitutverhältnisse, betheiligt ist, den Erlaß bezüglicher Vorschriften — Ordnungen — vorsieht.

Endlich trifft das Gesetz vom 21/VI. 1865 in Art. 25 Bestimmungen über die Zurückziehung von Ermächtigungen in dem Falle, daß eine Genossenschaft die übernommenen Leistungen nicht erfüllt, und über die Anordnungen der erforderlichen Arbeiten von Amtswegen durch den Bezirkspäsidenten im gleichen Fall.

S. §§ 122—151.

F. Die Enteignung und Entschädigung von Grundeigenthum.

Das Privatrecht darf kein Hinderniß der allgemeinen Entwickelung sein. Das Wasserrecht ist ohne Streit zwischen dem Rechte des Einzelnen und der Cultur, den allgemeinen wirthschaftlichen Interessen, nicht leicht denkbar. Das Recht der Mehrzahl, die Minderheit zur Theilnahme zu zwingen, ist ein Ausfluß der wirthschaftlichen Entwickelung, in Folge dessen der Einzelne sich Beschränkungen seiner wirthschaftlichen Persönlichkeit gefallen lassen muß. Ein Wasserrecht ist selten ohne eine Menge von Dienstbarkeiten, abgezweigten Eigenthumsbefugnissen. Die Bildung von Wassergenossenschaften muß durch die Enteignung entgegenstehender Gründe, die Ablösung hindernder Rechte ermöglicht werden.

Der Rechtsbegriff über die Enteignung im öffentlichen Nutzen wurde zuerst durch das Gesetz vom 8/III. 1810, später in verbesserter Kraft durch das Gesetz vom 7/VII. 1833 und schließlich durch das Gesetz vom 3/V. 1841 festgestellt. Die Heiligkeit des Privateigenthums ist danach hinreichend gewahrt. Schon Art. 545 des bürgerlichen Gesetzbuches bestimmt, daß das Eigenthum nur im öffentlichen Nutzen, und vermittelst einer gerechten und zuvorigen Entschädigung abgetreten zu werden braucht. Das beregte Gesetz überweist das Enteignungsverfahren, sofern eine gütliche Uebereinkunft nicht zu erreichen steht, den Gerichten. Diese haben zu beurtheilen, ob der Nutzen der Enteignung in den durch das Gesetz bestimmten Formen dargethan, insbesondere ob die öffentliche Nützlichkeit durch ein Kaiserl. Dekret erklärt und ob das Verfahren zur Entgegennahme der Einwendungen der interessirten Parteien beobachtet worden ist. In allen Fällen, wo die Enteignung als gesetzmäßig anerkannt oder als solche vom Gerichte erklärt worden ist, und wo die Parteien nur über den Betrag der den Eigenthümern gebührenden Entschädigung uneinig sind, bestimmt das Gericht den Werth dieser Entschädigungen. Das Gericht ist berechtigt, vor der Abschätzung der Entschädigungen nach der Beschaffenheit und Dringlichkeit der Arbeiten zu verordnen, daß die Verwaltung in den Besitz gesetzt werde.[1]) Wenn besondere Umstände verhindern, daß die Zahlung der ganzen Entschädigung oder eines Theils derselben sogleich geschieht, so laufen die Interessen davon nach dem provisorischen oder definitiven Anschlage der Entscheidung von dem Tage der Besitzentsetzung. Das Verfahren vor Gericht ist summarisch, und die Urkunden, welche der Einregistrirung unterworfen sind, werden unentgeldlich einregistrirt. Der Schwerpunkt liegt in dem billigen Ausmaß des Schadenersatzes, und besonders in dieser Beziehung ist die Heiligkeit des Privateigenthums durch Art. 16 des Gesetzes vom 21/V. 1836 in einfachen Formen gewahrt, indem dieß durch Abschätzung seitens eines Geschworenengerichts (Jury) geschieht. Dem gerichtlichen Enteignungs-Verfahren geht der Versuch eines gütlichen Ausgleiches voraus. Die Verwaltungsbehörde, welche unter Zuziehung von Mitgliedern des Bezirks- und Kreistages den gütlichen Ausgleich leitet, hat einen schweren Standpunkt, insofern sie berufen, das allgemeine Interesse zu vertreten, doch auch den Privaten nicht zu Schaden kommen lassen soll. Oft kommt es vor, daß dem Grundbesitzer ein weit höherer Preis geboten wird, als hinterher die gerichtliche Schätzung ergiebt, und umgekehrt. Jedenfalls bleibt für die Entschädigung und Abschätzung das gesetzlich bestehende Verfahren musterhaft, zumal dabei Geschworene mit entscheidender Ablehnung von Seiten der Betheiligten abschätzen. Die Stellung der Geschworenen macht sie unabhängig, ihre Anzahl gibt dem Urtheile den Stempel der Richtigkeit. Zuerst fand das Enteignungs-

[1]) G. v. 8 II. 1868.

Verfahren bei Entwässerungs-Anlagen auf Grund des Gesetzes vom 10/VI. 1854 [1]) Anwendung, später übertrug sich dasselbe durch Gesetz vom 28/VII. 1860 [2]) auf die Nutzbarmachung der den Gemeinden gehörenden Sümpfe und öden Ländereien und dehnte sich durch das Gesetz über die Syndikat-Genossenschaft vom 21/VI. 1865 [3]) auf alle Cultur-Wasserbauten aus, welche von einer ermächtigten Syndikat-Genossenschaft unternommen werden.

In Betreff aller im Artikel 1 des Gesetzes vom 21/VI. 1865 aufgeführten Arbeiten hat über die Einräumung nothwendiger Dienstbarkeiten und über die hierfür zu zahlenden Entschädigungen in erster Instanz der Friedensrichter zu entscheiden.[4])

Wenn es sich um die in Nr. 1—3 des Artikels 1 des Gesetzes vom 21/VI. 1865 aufgeführten Arbeiten handelt, kommen über Enteignungen, sowohl von Grundstücken, als auch bestehender Rechte, in Ermanglung der Bildung von Genossenschaften, die Bestimmungen der Artikel 48—57 des Gesetzes vom 16/IX. 1807 zur Anwendung. Der Bezirksrath hat die Entscheidung aller Streitigkeiten, welche im Verlauf des Verfahrens entstehen. Eigenthumsfragen bleiben jedoch der Entscheidung des Richters vorbehalten, ohne daß in irgend einem Falle die auf die Arbeiten bezüglichen Geschäfte oder die Ausführung der Entscheidungen des Bezirksraths verzögert oder aufgehoben werden können.[5]) Wenn die Beseitigung oder Aenderung eines gesetzlich bestehenden Triebwerks oder einer Stauvorrichtung im wasserpolizeilichen Interesse von der Staatsverwaltung angeordnet wird, so liegt eine Entschädigungspflicht Seitens des Staats nicht vor.[6]) Wenn die zur Entschädigung Anlaß gebenden Arbeiten nicht als Arbeiten zum öffentlichen Nutzen erklärt sind, so gehört die Klage mit Entschädigung zur Zuständigkeit der Gerichte, andernfalls zur Zuständigkeit des Be-

[1]) Art. 4.

[2]) Art. 8.

[3]) Art. 18.

[4]) Gesetz vom 11/V. 1877 § 4.

[5]) G. v. 21/VI. 1865 Art. 26. G. v. 16/IX. 1807 Art. 46, 47. Staatsr. v. 24/I. 1834. 9/XII. 1864. 24/II. 1865. 28/VII. 1866. Ministerialverf. v. 20/IV. 1865.

[6]) Staatsr. v. 24/I. 1834. 24/II. 1865.

zirksraths.[5]) Die Entschädigung hat nach dem Werthe des Werkes zur Zeit der Beseitigung oder Aenderung zu erfolgen, selbst wenn eine beträchtliche Werthssteigerung durch solche Aenderungen des Werkes erfolgte, zu welchen eine Erlaubniß nicht nöthig war. Die Minderung oder gänzliche Entziehung der Triebkraft eines Werkes bildet nicht eine Zwangsenteignung (da die bewegende Kraft des Wassers nicht im Privateigenthum stehen kann), sondern nur eine Beschädigung im Sinne des Art. 4 des Ges. v. 16/II. 1800, worüber der Bezirksrath zu entscheiden hat. Werden jedoch Gebäude oder Grundstücke in Anspruch genommen, so hat das Zwangsenteignungsverfahren bezüglich dieser stattzufinden.

S. §§ 152—164.

6. Zuständigkeit der Verwaltungsbehörden und der Gerichte.

Während in Betreff der öffentlichen Gewässer das Gebiet der Verwaltungs-Entscheidungen ein sehr beträchtliches ist, weil hier sowohl die hoheitsrechtlichen Befugnisse des Staates, wie auch der gemeine Gebrauch des Publikums von vorwiegender Bedeutung sich erweisen, in Betreff der nicht geschlossenen Gewässer (Privatwasserläufe), bei denen die private Nutzung durchaus überwiegt und dem Staate nur eine beschränkte Verfügung, dem Publikum nur wenige Gebrauchsrechte zugestanden sind, dasselbe bedeutend beschränkt, bildet in Betreff der geschlossenen Gewässer der Rechtsweg die ausnahmslose Regel und schließt jede Zuständigkeit der Verwaltung in den sich daraus ergebenden Rechtsfragen aus.

Die Verwaltung kann nicht nur im allgemeinen Interesse und kraft des ihr von Staatswegen zustehenden Oberaufsichts- und Polizeirechts handeln und verbindliche Maßregeln oder Verordnungen erlassen, sondern sie ist auch berufen oder berechtigt, über die Streitigkeiten, welche das

[5]) Staatsr. v. 28/I. 1864. 10/XII. 1863. 23/XI. 1865. 14/XII. 1865. 15/XII. 1866.

öffentliche Interesse berühren, insbesondere bezüglich des großen Straßenwesens, Art. 4 des Gesetzes vom 16/II. 1800, der Räumung der Privatwasserläufe, Art. 4 des vom 4/V. 1803, der Austrocknung der Sümpfe, Art. 46 des Gesetzes vom 16/IX. 1807, und der ermächtigten Syndikat-Genossenschaften, Art. 16 des Gesetzes vom 2/VI. 1865, sich ergeben, zu entscheiden. Alle anderen Streitigkeiten, insofern es sich lediglich um die Privatinteressen der Betheiligten (um Mein und Dein) und nicht um die Fragen der Polizei der Gewässer handelt, gehören zur ausschließlichen Zuständigkeit der Gerichte.

Kraft der Polizeigewalt kommt es der Verwaltung zu, die im allgemeinen Interesse nothwendigen Maßregeln zu treffen, um den freien Ablauf der Gewässer zu sichern, die durch Ueberstau entstehenden Nachtheile zu verhüten, für Benutzung des Wassers nach den Grundsätzen der Bewässerungskunst zu sorgen und das Wasser zwischen Industrie und Landwirthschaft angemessen zu vertheilen. In diesen Fällen entscheidet der Bezirkspräsident in I. und der Oberpräsident in II. und letzter Instanz, sofern bezüglich der Privatwasserläufe den im allgemeinen Interesse erforderlichen Verordnungen frühere Verordnungen oder Ortsgebräuche zu Grunde liegen. Sind frühere Reglements und Ortsgebräuche nicht vorhanden, oder wird die Abänderung bestehender erforderlich, so ist nur das Staatsoberhaupt zuständig. Wenn es sich um die Schifffahrt der Gewässer und um die Verwaltung des Rheins, der Mosel und der Schifffahrtskanäle handelt, so entscheidet der Oberpräsident. Zur Instruirung der Bezirkspräsidenten dienen die Kreisingenieure, während dem Oberpräsidenten ein Wasserbaudirektor beigegeben ist.

In dem Gebiete der Verwaltungs-Gerichtsbarkeit entscheidet der Bezirksrath in I. und der Kaiserliche Rath in II. und letzter Instanz. Die Berufung an den Kaiserlichen Rath ist nach § 31 der Verordnung vom 1. September 1872, das Verfahren vor den Bezirksräthen betr., binnen 30 Tagen nach Ablauf des Tages, an welchem die Zustellung der Entscheidung des Bezirksraths oder, wenn auf solche verzichtet wurde, die Verkündigung erfolgte, bei dem Bezirksrath einzureichen. Die Berufungsschrift muß bei Strafe der Nichtigkeit von einem in Elsaß-Lothringen zur vollen Praxis zugelassenen Advokaten unterzeichnet sein. In den Fällen, zu deren Beurtheilung ihrer Natur nach besondere Sachkenntniße erforderlich sind, hat der Entscheidung die Einholung des Gutachtens von Sachverständigen vorauszugehen. Es können jedoch nicht mehr als 3 Sachverständige ernannt werden, insbesondere werden zur Abschätzung der Entschädigungen der Eigenthümer für weggenommene Grundstücke nach dem Gesetze vom 16/IX. 1807 der eine durch den Eigenthümer, der andere durch den Bezirkspräsidenten ernannt; der dritte Sachverständige, falls solcher nöthig wird, ist von Rechtswegen der Bezirksingenieur.

Die Rechte und Verpflichtungen, welche hinsichtlich der Eigenthümer von Grundstücken, Triebwerken und anderen Anlagen in Frage kommen, gelten auch für Personen, welche solche vermöge eines nutzbaren dinglichen Rechtes besitzen. Die Regulirung der daraus hervorgehenden Rechtsverhältnisse und Ansprüche zwischen diesen Besitzern und Eigenthümern sind nach den Bestimmungen des bürgerlichen Rechtes, beziehungsweise nach den betreffenden Bestimmungen des Gesetzes vom 3/V. 1841, die Zwangsenteignung von Grundeigenthum für öffentliche Zwecke betr., zu beurtheilen und daher sachgemäß den Gerichten übertragen, ohne jedoch in die Befugnisse der Verwaltungsgewalt in den durch die Gesetze oder Verordnungen bestimmten Fällen einzugreifen. Bei allen Streitigkeiten in fraglicher Beziehung entscheiden in I. Instanz die Friedensrichter und in II. Instanz die Landgerichte. Die Gerichte sollen bei ihren Entscheidungen das Interesse der Landwirthschaft mit der dem Eigenthum schuldigen Achtung in Einklang bringen; in allen Fällen sollen die besondern und Local-Verordnungen über den Lauf und die Benutzung der Gewässer beobachtet werden. Vor den Gerichten soll wie in summarischen Sachen verhandelt, und wenn ein sachverständiges Gutachten nothwendig wird, nur ein einziger Sachverständiger ernannt werden. Bei Austausch von Grundstücken sind im Widerspruchsfalle, sofern die Eigenthümer eine ermächtigte Genossenschaft gebildet haben, 3 Sachverständige zu ernennen, und zwar je ein Sachverständiger von den Realberechtigten, dem Genossenschaftsvorstande und von dem Friedensrichter der belegenen Sache.

Im Besonderen ist nun noch Folgendes zu bemerken:

Ausschließlich Sache der Verwaltung ist: die Feststellung der öffentlichen Eigenschaft der Gewässer und die Regelung und Beschränkung des gemeinen Gebrauches an öffentlichen Gewässern, welcher in der einfachen, vorübergehenden Benutzung des Wassers, ohne dauernde Vorrichtungen in oder an denselben besteht. Entschädigungsansprüche sind nur für solche Verfügungen von Seiten des Staates gerechtfertigt, welche einen Eingriff in anderweitige, private Rechte der betheiligten Besitzer in sich schließen.

Ausschließlich Sache des Gerichts ist: dem Fiscus gegenüber und überhaupt unter Parteien die Entscheidung über die Oeffentlichkeit eines Gewässers und über die einzelnen, daraus sich ergebenden Rechte und Verbindlichkeiten, sowie über das Dasein und die Grenzen rein privativer Nutzungsrechte und Verpflichtungen.

Vorwiegend in die Hand der Verwaltung ist der Schutz der Vorfluth in den öffentlichen Gewässern gelegt. Es gehört zur Zuständigkeit der Bezirkspräsidenten die Aenderung oder Beseitigung der die Schifffahrt störenden Anlagen vorbehaltlich der Berufung zu verfügen. Die desfallsige Entscheidung ist eine reine Polizeimaßregel, welche nicht bei den Verwaltungsgerichten angefochten werden kann. Auch in den Privatbesitz darf die Verwaltung zu dem Behufe eingreifen, insbesondere hinderliche Anwüchse der Ufer forträumen und durchstechen; allein nach allgemeinen Rechtsgrundsätzen ist sie hier stets zur Entschädigung verpflichtet. Insoweit als dergleichen Einrichtungen vom Fiscus oder von privaten Besitzern ausgehen, kann dagegen ihre Zulässigkeit auch im Rechtswege angefochten werden; die landespolizeiliche Erlaubniß gibt keinen hiergegen sichernden Rechtstitel. — Die Aufrechthaltung der Ordnung im Strome gegen natürlichen Verfall ist niemals dem richterlichen Ermessen unterworfen. Die Entscheidung darüber, ob und in welchem Maße ein Privater auf Grund der von ihm mit Ermächtigung Seitens der Staatsregierung gemachten Anlagen zu den Kosten der Räumung eines öffentlichen Flusses beizutragen habe, steht der Verwaltung, nicht den Gerichten zu, da es sich hier um eine im öffentlichen Interesse zu machende Auflage handelt, über welchen Gegenstand die Gerichte zu entscheiden nicht berufen sind. Die Entscheidung erfolgt durch Kaiserliche Verordnung, welche die Grundlage und Vertheilung der Auflage bestimmt.

Vorwiegend in die Hand des Gerichts ist der Schutz der besonderen, nicht unter den gemeinen Gebrauch fallenden Nutzungsrechte einzelner Besitzer an den öffentlichen Gewässern gelegt. Wie jedoch ein Widerspruch gegen die, solche Rechte gefährdenden strompolizeilichen Anordnungen nicht erhoben werden kann, so findet auch ein Schutz im Besitze für diese Rechte gegen solche Anordnungen nicht statt. Werden im Interesse der Schifffahrt und Flößerei Einrichtungen erforderlich, welche die Befugnisse der einzelnen Nutzungsberechtigten beschränken oder gar aufheben würden, so kann ein Widerspruch dagegen niemals, eine Entschädigungsforderung aber nur in dem Falle geltend gemacht werden, daß die Anlagen vor dem 1. April 1566 bestanden haben und dem einzelnen Besitzer Art und Inhalt seines Rechtstitels ein unbedingtes Recht verleihen und dessen Unverletzlichkeit gewährleisten sollte. Nicht nur anderen Besitzern, sondern auch dem Fiskus gegenüber werden Verletzungen der besonderen Nutzungsrechte vor dem Richter verfolgt. Die fraglichen Nutzungsrechte bilden einen Vorbehalt des Fiscus. Nur von diesem kann die Befugniß zu Triebwerks-, Bewässerungs- und sonstigen Anlagen verliehen werden. In dieser Verleihung von Rechten an den öffentlichen Gewässern sind demselben keine bestimmten Schranken gezogen; es ist indessen Pflicht der Behörden, zuvor genau zu prüfen, ob derartige Verleihungen mit den öffentlichen Interessen verträglich sind. Ueberhaupt bleiben die Bauten, welche ein Besitzer vermöge des ihm zustehenden Nutzungsrechtes an öffentlichen Gewässern vornimmt, der staatlichen Aufsicht und Genehmigung unterworfen; mögen sie nun zur ersten Einrichtung oder zur Umänderung der Anlagen erfolgen. Die Prüfung der Frage, ob ein Triebwerk eine gesetzliche Existenz habe und der Anspruch auf Entschädigung begründet sei, sowie die Festsetzung der Höhe der Entschädigung gehört zur ausschließlichen Zuständigkeit der Verwaltung; der gänzliche oder theilweise Verlust der Triebkraft eines an einem öffentlichen Flusse liegenden Triebwerks in Folge der Ausführung öffentlicher Arbeiten begründet nur eine einfache Beschädigung, worüber der Bezirksrath zu erkennen hat; eine Zwangsenteignung liegt nicht vor, da das Gefälle, d. i. die bewegende Kraft des Wassers, nicht Gegenstand des Privateigenthums sein kann und demnach die Zuständigkeit der Gerichte ausgeschlossen ist. Die Gerichte sind jedoch zur Entscheidung zuständig, insoweit Gebäude des Triebwerks oder Grundstücke, auf welchen solche errichtet sind, endgiltig in Anspruch genommen werden, da bezüglich dieser alsdann eine wirkliche Zwangsenteignung vorliegt.

Die Festsetzung der den Eigenthümern für die Belastung ihrer Grundstücke mit der Dienstbarkeit des Leinpfads gebührenden Entschädigung gehört zur Zuständigkeit des Bezirksraths. Die Entscheidungen über die Herstellung des Leinpfads sind reine Polizeimaßregeln, welche nicht mittelst Beschwerde bei den Verwaltungsgerichten angefochten werden können.[1])

Ueber die rechtliche Natur der Privatwasserläufe schwankt gleichfalls die Zuständigkeit der Richter und der Verwaltungsbehörde, theilweise sind sogar dieselben Grundsätze, wie bei den öffentlichen Gewässern maßgebend. Sache der Verwaltung ist es also, wenn die Ausübung staatlicher Hoheitsrechte und Polizeibefugnisse oder die Zulässigkeit und Regelung des gemeinen Gebrauches, soweit das Gesetz einen solchen überhaupt gestattet, in Frage steht; während es Sache des Gerichtes ist, wenn es sich um die Feststellung der streitigen Rechtsverhältnisse an einem Gewässer zwischen mehreren Privatparteien handelt. Es kann aber bei den Privatwasserläufen in höherem Grade als bei den öffentlichen Gewässern der Rechtsweg in Streitigkeiten über ihre allgemeinen rechtlichen Verhältnisse als Regel hingestellt werden.

Die Privatwasserläufe sind sämmtlich der reglementären Gewalt der Verwaltung unterstellt, welche ein Oberaufsichts- und Polizeirecht ausübt, um die öffentlichen Interessen der Gesundheit, der Landwirthschaft und der Industrie zu wahren. Die Verwaltung kann im allgemeinen Interesse handeln, sofern und soweit sie es dem gemäß

---

[1]) B. G. B. Art. 538. G. v. 16/II. 1800 u. 16/IX. 1807. Instr. v. 12—20/VIII. 1790. G. v. 6/X. 1791 II. 16. Instr. v. 6/VIII. 1798. B. v. 9/III. 1798. B. v. 13/IV. 1861 D. 8. N. 1 u. 2 Dufour S. 160 2c. Oppenhof S. 412. Nieberding S. 45.

für nöthig erachtet. Ihre Verordnungen sind für sämmtliche Betheiligte verbindlich; diese können, je nachdem das öffentliche Interesse es erfordert, von der Behörde, welche sie erlassen, abgeändert oder aufgehoben werden. Die Gerichte sind nicht berechtigt, allgemeine und reglementäre Bestimmungen zu treffen.

Zur Erlassung der im allgemeinen Interesse erforderlichen Verordnungen ist auf Grund früherer Verordnungen oder Ortsgebräuche das Bezirkspräsidium, sofern aber solche Verordnungen oder Ortsgebräuche nicht vorhanden sind oder eine Aenderung erleiden sollen, nur das Staatsoberhaupt zuständig. Gleichfalls kann nur nach Maßgabe der früheren Verordnungen oder Ortsgebräuche die Vertheilung des Wassers zwischen Industrie und Landwirthschaft von dem Bezirkspräsidenten erfolgen; im anderen Fall ist eine Kaiserliche Verordnung erforderlich. Der Bezirkspräsident ist nur befugt, die gewöhnliche Ausräumung anzuordnen, damit aber auch berechtigt, die Grenzen der alten Ufer aufzusuchen und festzusetzen; sobald das alte Ufer und die alte Sohle verlassen oder verändert werden soll, muß eine Kaiserliche Verordnung erwirkt werden. Der Bezirkspräsident kann in dringenden Fällen alle zum ungehinderten Abfluß des Wassers nöthigen Maßregeln anordnen, jedoch nur für den einzelnen Fall und niemals auf die Dauer. Die Klagen auf Befreiung oder Minderung der Beiträge zu den Kosten der Aufräumung gehören zur Zuständigkeit der Bezirksräthe. Der Bezirksrath darf zwar den Beschluß des Bezirkspräsidenten oder die Kaiserliche Verordnung nicht vernichten, er kann aber die Beschwerden gegen die Belastung mit Beiträgen für begründet erklären. Der Kaiserliche Rath ist nur zur Bescheidung der Recurse gegen Entscheidungen des Bezirksraths berufen. Die Interpretation unklarer Bestimmungen der von der Verwaltung erlassenen Reglements gehört zur Zuständigkeit der Verwaltung; das Gesuch ist durch die Hand des betreffenden Bezirkspräsidenten dem Kaiserlichen Rath zu unterbreiten.

Bei willkührlichen Störungen des Wasserabflusses in den Privatwasserläufen mittelst künstlicher Einrichtungen in und an deren Betten hat das Gericht zu entscheiden, ob und inwieweit hier ein unberechtigter Eingriff in die Vorfluth geschehen ist. Das Gericht ist überhaupt dann zu entscheiden befugt, wenn durch Maßregeln die besonderen Privatrechte anderer Besitzer geschädigt werden.

Die Befugniß der Verwaltung ist daher zum Theil eine ausschließliche, so daß das polizeiliche Verfahren eintreten muß; zum Theil geht diese Befugniß neben der richterlichen her. Im letzteren Falle behalten die Verwaltungsbehörden aber bei Gefahr im Vollzuge völlig freie Hand, um eine augenblickliche, zweckentsprechende Ordnung in die gestörten Vorfluthsverhältnisse zurückzuführen. Stets entscheiden diese über gesetzliche Maßregeln, welche den freien Ablauf des Wassers sichern, Ueberschwemmungen verhindern und im Sinne gemeinen Nutzens die Ent- und Bewässerung fördern. Alle Streitigkeiten in Betreff der Aufstellung der Beitragsrollen, der Eintreibung der Beiträge, der Einsprüche belasteter Interessenten werden von dem Bezirksrathe entschieden. Die Streitigkeiten in Betreff der Ausführung der Räumungsarbeiten unterliegen dann gleichfalls dessen Entscheidung. Doch bleibt den Betheiligten auch hier unter einander über ihre gegenseitigen Verpflichtungen der Rechtsweg offen. Der Bezirksrath kann über den Schaden erkennen, welcher eine unmittelbare Folge der Ausräumungsarbeiten ist, er muß aber den Gerichten die Entscheidung über Entschädigung überlassen, welche aus der Benutzung von außerhalb der natürlichen Grenzen des Wasserlaufs liegenden Grundstücken entsteht.

Der Schutz des Rechts der Wassernutzung in Privatwasserläufen liegt im Allgemeinen in der Hand des Gerichts. Alle Streitfragen über das Dasein und die Grenzen eines Rechtes zur Wassernutzung gehören in den Rechtsweg. Ausnahmsweise ist der Verwaltung in denjenigen Beziehungen die Befugniß der Prüfung und Entscheidung beigelegt, in welchen nicht so sehr die Rechte einzelner Besitzer, als vielmehr die Rücksichten des allgemeinen Wohles und zwar weniger nach Grundsätzen des Rechtes als nach Gründen der Nothwendigkeit und Zweckmäßigkeit geschützt werden sollen. Die Verwaltung trifft keine Bestimmung über den Genuß des Wassers, das ihr nicht gehört, sie beschränkt sich auf Regulirung des Benutzungsrechts, indem sie dem Eigenthümer eine einfache polizeiliche Bewilligung ertheilt. Daher werden ihre Beschlüsse stets mit dem Vorbehalte der Rechte Dritter erlassen. Wenn es sich insbesondere um Stauanlagen handelt, so ist in den Fällen, wo keine besonderen Rechtstitel über die bestrittene Höhe des Wasserstandes Bestimmung treffen, zur Entschädigung über das Maß des Staues stets und ausschließlich die Verwaltung berufen, wobei die Vertheilung des Wassers zwischen Gewerbe und Ackerbau nach Maßgabe der älteren Verordnungen oder Ortsgewohnheiten geschehen soll. Ebenso liegt die Regelung der Verhältnisse von Stauanlagen, wenn dieselben noch nicht mit gehöriger Genehmigung versehen sind, oder Veränderung der für dieselben bereits bestehenden Ordnungen in der Befugniß der Verwaltung. Auch hat sie über Wasserentnahme für öffentliche Anstalten unter Vorbehalt der Rechte Dritter zu entscheiden. Endlich ist es in die Hand der Verwaltung gegeben, die aus Rücksichten des gemeinen Wohles unumgänglich nothwendigen allgemeinen Beschränkungen in der Benutzung der Privatwasserläufe anzuordnen. Niemals steht den Gerichten in diesen Fragen ein Recht der Entscheidung zu.

Zudem erheischen alle neuen Stauvorrichtungen in den Privatwasserläufen die Genehmigung der Verwaltung. In den Rechtsverhältnissen der Wassernutzung selbst ändert die Ertheilung einer solchen Genehmigung nichts; sie verleiht kein weiteres Recht darauf und die Vergünstigungen unterliegen daher noch immer den besonderen Voraussetzungen und Beschränkungen an Privatwasserläufen, welche das Gesetz dafür in allen Fällen einer solchen Wassernutzung ausgesprochen hat. Die Stauanlagen können beschränkt und beseitigt werden, wenn öffentliche Interessen dadurch gefährdet oder den unterhalb liegenden Besitzern der nothwendige, wirthschaftliche Wasserbedarf dadurch entzogen wird. Wird die Beseitigung einer mit gesetzlicher Berechtigung versehenen Anlage nöthig, so gebührt dem Eigenthümer Entschädigung, welche jedoch für das Gefälle, da dasselbe nicht Gegenstand eines Privateigenthums sein kann, nicht im Enteignungswege, sondern im Wege der administrativen Rechtsprechung durch den Bezirksrath festgestellt wird. Wenn dagegen die zur Entschädigung Anlaß gebenden Arbeiten nicht als Arbeiten zum öffentlichen Nutzen erklärt sind, so gehört die Klage mit Entschädigung zur Zuständigkeit der Gerichte. Wenn für einen Wasserlauf überhaupt kein Reglement besteht, so gehören die Streitigkeiten, welche unter Ufereigenthümern über die Benutzung und Vertheilung des Wassers zu ihren Privatzwecken entstehen, zur ausschließlichen Competenz der Gerichte.

Die äußerliche Bestimmung der zulässigen Stauhöhe hat das Gesetz nicht ausdrücklich geregelt. Die Besitzer müssen aber ihre Wasser auf einer Höhe halten, welche Niemandem Schaden bringen kann, und diese Höhe ist, sofern nicht besondere Rechtstitel für dieselbe maßgebend sind, von der Bezirksverwaltung auf Gutachten der Kreisverwaltung festzusetzen. Letztere Bestimmung ist jedenfalls dahin zu verstehen, daß die Höhe der Wasseranspannung nicht über das durch Statuten, Gewohnheiten oder Verjährung begründete Recht des Besitzers hinausgehen darf, und daß dieselbe durch feste Marken in geeigneter Weise, insbesondere auch durch einen Aich- oder Markpfahl (Pegel) festgestellt werden kann. Die Setzung des Aichpfahls ist Verwaltungssache und nach der Instruction vom 23. October 1851 in den Concessionsbedingungen vorzuschreiben. Streitigkeiten über die Höhe desselben werden im Wege administrativer Rechtsprechung auszutragen sein, wenn öffentliche Interessen im Spiele sind. Stehen erworbene Rechte in Frage, so haben die Gerichte zu entscheiden.[1])

Es ist zu beklagen, daß bezüglich der Competenz kein Unterschied zwischen den Privatwasserläufen besteht. Das alte Recht[2]) macht die Unterscheidung, daß die großen Flüsse mindestens 14 Fuß, die kleinen 7 Fuß und die Bäche 3½ Fuß breit sein müssen, sowie der Ausschußbericht der constituirenden Versammlung vom 23. April 1791 einen Unterschied zwischen Bächen, die nicht im Stande sind ein Triebwerk in Bewegung zu setzen, und den Flüssen klarstellt. Mit Rücksicht auf diese Unterscheidung würde es gewiß sehr zweckdienlich sein und wesentlich das Verfahren erleichtern und vereinfachen, wenn die Befugniß der

[1]) B. G. B. Art. 644. 645. Instr. 12—20/VIII. 1790. G. v. 6/X. 1791 II. 16. B. v. 9/III 1798. G. v. 4/V. 1803. 16/IX. 1807. 10/VI. 1854. Art. 5. 29/IV. 1845. Art. 4. 11/VII. 1847. Art. 3. V. v. 13/IV. 1861. D. 8 N. 3—8. G. v. 11/V. 1877. § 4. Oppenhoff S. 276. Nieberding S. 69. 149. 184. Staatsr. v. 28/I. 1864. 15/XII. 1866. 13/III. 1867.

[2]) Loysel, Instit. coutum. II. Tit. II. règle 61.

Verwaltung dergestalt zwischen dem Bezirkspräsidenten und dem Kreisdirector zur Vertheilung käme, daß der letztere die Zuständigkeit über die kleinen Wasserläufe von höchstens 2 Meter Breite, sofern dieselben nicht im Stande sind ein Triebwerk in Bewegung zu setzen, zugewiesen erhielte und daß dem erstern nur die Zuständigkeit der Wasserläufe über 2 Meter Breite und außerdem die Verfügung über alle Triebwerks-Anlagen verbliebe. Alsdann müßte die Berufung gegen die Entscheidung des Kreisdirectors an den Bezirkspräsidenten gerichtet werden. Zugleich wird es angebracht sein, die Entscheidung nach collegialer Berathung zu fassen, und dabei besonders sich empfehlen, die Beisitzer aus der Mitte der Mitglieder des Bezirks- beziehungsweise Kreistages hervorgehen zu lassen.

Bezüglich der geschlossenen Gewässer ist die Beurtheilung ihrer allgemeinen rechtlichen Natur so wie der sich daraus ergebenden Rechtsverhältnisse dem Rechtswege niemals entzogen.

Die Ordnung und der Schutz der Vorfluth des wild ablaufenden Wassers ist zunächst Sache des Gerichts; die Verwaltungsbehörden sind nicht befugt, in dieser Beziehung mit polizeilichen Maßnahmen einzuschreiten. Erst wenn Gefahr im Verzuge ist, und öffentliche Interessen als bedroht erscheinen, erwächst ihnen das Recht wie die Pflicht, einstweilige Anordnungen in Hinsicht der Vorfluth nach ihrem Ermessen zu treffen.

Bezüglich des Wasserablaufes in den Gräben ist alles, was im Interesse derselben verlangt werden kann, auf den Rechtsweg gewiesen, soweit nicht administrative Reglements und lokale Ordnungen für einzelne Gräben eine gewisse polizeiliche Befugniß begründen. Es ist Aufgabe der Gerichte, bei Wasserleitungen zu entscheiden, ob der obere Eigenthümer in den Schranken seines Rechtes geblieben ist und die nothwendigen Maßregeln getroffen hat, um die freie Ausübung seines Eigenthumsrechts mit dem Rechte und den Interessen der unteren Eigenthümer in Einklang zu bringen.

Mit Hülfe polizeilicher Reglements kann die durch das allgemeine und örtliche Recht nicht genügend gesicherte Reinerhaltung der Gräben und Kanäle durchgeführt werden, ebenso wie dies in Hinsicht der Privatwasserläufe gestattet ist. Die Räumungen, die Feststellungen der Beiträge dazu, deren Einziehung sind dann Sache der Verwaltung, während die herangezogenen Besitzer unter einander im Wege Rechtens die ihnen etwa gegenseitig gebührende Ausgleichung verfolgen können.

Auf die Ordnung der rechtlichen Beziehungen, welche in Betreff der Benutzung der geschlossenen Gewässer sich entwickeln können, steht gleichfalls der Verwaltung kein Einfluß zu. Die Schlichtung aller darüber entstehenden Streitigkeiten ist ausschließlich dem Rechtswege unterworfen. Der Polizeibehörde gebührt lediglich in der Weise und in dem Maße das Recht augenblicklicher Abhülfe, wie überall, wo das öffentliche Wohl gefährdet wird. [1])

Für alle Cultur-Wasserbauten bildet, wenn der Unternehmer die Ausführung seines Planes auf Grund der allgemeinen gesetzlichen Befugnisse bei der Verwaltungsbehörde in Antrag bringt, ein Vermittelungsverfahren die Regel. Einigt sich ein Unternehmer mit den Betheiligten ohne Vermittelung der Verwaltungsbehörden, so haben diese zu einem Einschreiten zunächst keine Veranlassung. Führt er ferner die Anlage aus, ohne eine polizeiliche Vermittelung in Anspruch zu nehmen, greift dabei aber in fremde Rechte ein, so haben die Beeinträchtigten nicht eine Vermittelung im Verwaltungswege, sondern die Untersagung der Anlage im Rechtswege nachzusuchen. Nimmt derselbe endlich Rechte, nicht auf Grund der allgemeinen gesetzlichen Bestimmungen, sondern vermöge besonderer Rechtstitel in Anspruch, so haben die Verwaltungsbehörden selbst im Falle seines Antrages keine Befugniß, die Leitung der Sache zu übernehmen; vielmehr sind hier ausschließlich die Gerichte zuständig.

Das Gesetz gestattet für alle Cultur-Wasserbauten freie Syndikat-Genossenschaften, welche sich ohne Mitwirkung der Verwaltung bilden, und ermächtigte Syndikat-Genossenschaften, deren Gründung von der Genehmigung der Bezirksverwaltung abhängig ist. Letztere genießen be-

[1]) B. G. B. Art. 544. 640. Ges. v. 6/X. 1791. II. 16. II/IX. 1792. Instr. v. 6/VIII. 1798. Ges. v. 10/VI. 1854. Art. 5. G. v. 11/V. 1877. § 4. Demolombre § 159 ꝛc. Oppenhoff S. 227. 230. 539. Nieberding S. 47. 58. 83.

züglich der Einziehung der Beiträge, der Rechnungsgebahrung, der Zwangsenteignung und der Entscheidung über Einräumung von Servituten gewisse in den Artikeln 15—19 des Gesetzes vom 21/VI. 1865 geordnete Vorrechte. Die Leitung des Verfahrens liegt ausschließlich in der Hand der Verwaltung. Der Bezirkspräsident läßt durch eine administrative Untersuchung das Unternehmen prüfen und feststellen, beruft die betheiligten Eigenthümer zur Beschlußfassung, und wenn die gesetzliche Mehrzahl ihre Zustimmung gegeben hat, so ermächtigt er die Genossenschaft. Gegen diesen Beschluß ist Berufung an den Oberpräsidenten zulässig. Die Entscheidung erfolgt durch im Kaiserl. Rath erlassenes Dekret. Gesetzlich berechtigte Entschädigungsforderungen der Minderheit werden im Enteignungswege dem Landgerichte zugewiesen, ohne das Verfahren einzustellen. Die Taxen und Beiträge prüft und genehmigt der Bezirkspräsident. Die Streitigkeiten darüber werden von dem Bezirksrath, vorbehaltlich der Berufung an den Kaiserlichen Rath, entschieden. Nothwendige Enteignungen von Grundstücken behandelt das Landgericht, nachdem die öffentliche Nützlichkeit durch im Kaiserlichen Rath erlassenes Dekret erklärt worden ist. Ueber die Fragen wegen Einräumung nothwendiger Dienstbarkeiten entscheidet bei allen Cultur-Unternehmungen ohne Ausnahme, sofern sie durch ermächtigte Genossenschaften betrieben werden, der Friedensrichter.[1]) Bei Drainagen dagegen, auch wenn sie von einzelnen Unternehmungen oder freien Genossenschaften betrieben werden, entscheidet der Friedensrichter nicht nur über diesen Punkt, sondern über alle Streitigkeiten in Betreff der Ausführung der Arbeit, und in Betreff der Entschädigungen und Unterhaltungskosten.[2]) Bei Bewässerungen, wenn sie von einzelnen Unternehmern betrieben werden, hatten über eben diese Punkte die Landgerichte zu entscheiden,[3]) während, wenn eine ermächtigte Genossenschaft die Person ist, die Zuständigkeit zum Theil, nämlich für die Einräumung der Dienstbarkeiten, an den Friedensrichter überging. Das Gesetz vom 11/V. 1877 bestimmt in § 4, daß in Betreff aller im Art. 1 des Gesetzes v. 21/VI.

[1]) G. v. 21/VI. 1865. Art. 19.
[2]) Ges. v. 10/VI. 1854. Art. 5.
[3]) Ges. v. 29/IV. 1845, Art. 4.

1865 aufgezählten Arbeiten sowohl über die Frage der Einräumung von Dienstbarkeiten als über die hierfür zu zahlenden Entschädigungen in erster Instanz die Friedensrichter und in zweiter Instanz die Landgerichte entscheiden, auch dann, wenn diese Arbeiten nicht von Genossenschaften, sondern von einem oder mehreren Privatunternehmern ausgeführt werden. Vor dieselben Instanzen gehört auch die Beurtheilung der Streitigkeiten, welche sich zwischen mehreren, nicht in genossenschaftlichem Verhältniß stehenden Betheiligten über die Tragung der Kosten für die erste Anlage, die Abänderung oder die Unterhaltung einer gemeinschaftlichen Ent- oder Bewässerungsanlage erheben. Diese Bestimmung regelt einheitlich die richterliche Zuständigkeit in Bezug auf das Culturwesen und beseitigt dadurch verschiedene auf diesem Gebiet zu Tage getretene Ungleichheiten.

Wenn es sich um die in Nr. 1, 2 und 3 des Art. 1 des Gesetzes vom 21/VI. 1865 aufgeführten Arbeiten handelt, so sollen in Ermangelung der Bildung freier oder ermächtigter Genossenschaften die Gesetze v. 16/IX. 1807 und v. 4/V. 1803 in Anwendung kommen. Bei diesem Verfahren ist der Verwaltung ein weitgreifendes, unbedingtes Entscheidungsrecht eingeräumt. Ohne auf die Anträge und noch weniger auf die Zustimmung der Besitzer des zu behandelnden Grundes und Bodens Rücksicht zu nehmen, legt das Gesetz die Anordnungen wie auch die Leitung der für nöthig oder nützlich befundenen Unternehmung in die Hand der Verwaltungsbehörden. Die Vergebungen der Arbeiten erfolgen durch im Kaiserl. Rath erlassene Dekrete. Die Entscheidung aller Streitigkeiten, welche im Verlaufe des Verfahrens entstehen, erfolgt durch den Bezirksrath. Eigenthumsfragen bleiben jedoch der Entscheidung des Richters vorbehalten. Die antheilsweisen Beitragspflichten der einzelnen Besitzer zur Unterhaltung der Arbeiten werden, soweit das örtliche Recht dafür nicht ausreicht, durch eine im Kaiserl. Rath erlassene öffentliche Ordnung festgestellt. Streitigkeiten, welche ihre Anwendung hervorruft, unterliegen, wenn dadurch öffentliche Interessen berührt werden, der Entscheidung der Verwaltung; betreffen sie nur private Interessen, so hat dagegen das Gericht zu erkennen.

Werfen wir noch einen Blick auf die der Verwaltung eingeräumte Zuständigkeit, so ist ein Anstrich von schrankenloser Büreaukratie nicht zu verkennen. Im Großen und Ganzen bilden der unbedingte Befehl von Oben und absolutes Gehorchen von Unten den Weg, auf dem die Geschäfte erledigt werden. Die Jakobiner wollten zwar den beschränkten Unterthanenverstand abschütteln, befestigten aber mit der neuen Eintheilung des Ganzen in Departements die Präfektenherrschaft, welche in dem gegenwärtigen Augenblick in Frankreich wieder einmal in ihrer abschreckenden, jede freie Bewegung hemmenden Gestalt erscheint. Von wahrhafter Selbstverwaltung keine Spur. Die geringfügigsten Angelegenheiten sind an höhere Genehmigung gebunden und müssen sich Verzögerung oder gar Verschleppung in den Büreaus gefallen lassen. Diese Vielregiererei und Allesverwalterei ist, die Elsaß-Lothringer wissen es, eine wohlbekannte Landplage. — Wir erblicken in dem Staat nicht lediglich eine Maschine zur möglichst tadellosen Verrichtung mannigfaltiger Functionen, sondern in höherem Maße eine moralische Veranstaltung, bestimmt zur Erziehung des Menschengeschlechts in der Uebung der Pflichterfüllung und der Unterwerfung des Einzelwillens unter das Wollen und Denken einer größeren oder kleineren Gemeinschaft. Unter den verschiedenen Strömungen in der Beurtheilung des Wesens und des Werthes der Selbstverwaltung in den Staatsangelegenheiten, insbesondere bezüglich der Culturbauten müssen wir uns entschieden derjenigen Richtung zuneigen, welche in der Verbindung des Ehrenamts mit dem Berufsbeamtenthum die Lösung des Systems der Selbstverwaltung findet. Die neueren großen Verwaltungsgesetze in Preußen bethätigen zwar einen außerordentlichen Fortschritt; allein mit dem Dualismus, welcher durch die Scheidung von wirthschaftlichen und staatlichen Functionen in die ganze Staatsverwaltung eingeführt ist und eine unnöthige Häufung von Behörden, sowie eine dem gesunden Menschenverstande nicht recht begreifliche Complication von Zuständigkeiten zur Folge hat, können wir uns nicht befreunden. Noch weniger passen uns die englischen Einrichtungen, welche von verschiedenen Seiten so nachahmungswerth gepriesen werden, und zwar namentlich deßhalb nicht, weil das engliche

Princip der **„königlichen“** Ernennung der Selbstverwaltungsbeamten mit der Grundlage der Gemeindefreiheit: „Wahl durch die Corporationen“ — im grellsten Widerspruche steht. — Eine größere Theilnahme des Volks in seinen Gliederungen von Bezirk, Kreis und Gemeinde an der Besorgung der öffentlichen Angelegenheiten setzt immer besondere und eigenthümliche Einrichtungen voraus, die um so kunstvoller sich gestalten werden, je größer der Spielraum ist, welcher den verschiedenen Organen der Selbstregierung gestattet wird. Blicken wir auf die Thätigkeit der zeitigen Volksvertretung, so sehen wir den Gemeinderath gesetzlich viermal im Jahre zur Beschlußnahme über die Gemeindeangelegenheiten zusammen kommen; dabei ist seine Wirksamkeit durch die Gewalt des Kreisdirectors, Bezirkspräsidenten, Oberpräsidenten 2c. sehr eingeschränkt. Ein gleicher Mangel an Selbstständigkeit, gegen welche das neue Verwaltungsgesetz in Preußen sehr vortheilhaft absticht, lähmt die Bezirks- und Kreistage, welche gewiß eine viel nützlichere Thätigkeit entfalten könnten. Die Kreistage haben vorzüglich mit der Abgabe-Vertheilung zu thun, gemäß den Beschlüssen des Bezirkstages, welcher sich mit den Interessen und öffentlichen Anstalten des Bezirks beschäftigt, auch betreffende Wünsche bei der Regierung einreichen kann. Diese Schein-Vertretung in Verbindung mit der schrankenlosen Büreaukratie erfreut sich allerdings der einfachsten Organisation, aber wir müssen ja täglich die Ueberzeugung gewinneu, daß die einfachen Formen der Staatsverwaltung nicht die besten Formen sind. Wir wollen nicht das Kind mit dem Bade überschütten und nicht zu einem Bauwerk gelangen, welches von vornherein künstlich zusammengesetzt ist, sondern an die einmal gegebenen Zustände und Thatsachen anschließend durch allmählich zu erlangenden Concessionen, welche auf dem fraglichen Gebiet der Selbstverwaltung eingeräumt werden dürften, zweckmäßigere Einrichtungen schaffen, die mit weiterer Entwickelung und höherer Ausbildung mehr und mehr dem Bedürfnisse Rechnung tragen. Vor Allem ist für die Verantwortlichkeit des Einzelbeamten das System der Collegialität einzuführen. Um damit zugleich eine kräftige Selbstregierung heranbilden zu können, müssen die Rechte der Gemeinde-, Kreis- und Bezirks-Vertretung an Bedeutung gewinnen. Alsdann dürfte die Kreis- und Bezirksvertretung mit der Fürsorge für die Wohlthätigkeits- und sonstigen öffentlichen Anstalten, sowie für den Wegebau und das Culturwesen in entsprechender Weise selbstständig zu betrauen sein. Die dergestalt geschaffene Kreis- und Bezirksverwaltung wird besonders segensreich wirken, wenn sie das Bestreben verfolgt, die Genossenschaften und Gemeinden zu einer größeren Selbstthätigkeit im Wegebau und Culturwesen aus eigenem Antriebe heranzuziehen: wie denn überhaupt eine wahre Selbstverwaltung ohne thatkräftiges Selbsthandeln nicht zu erlangen ist.

S. §§ 165—187.

H. Strafbestimmungen zum Schutze von Wasserläufen 2c.

Zufolge Art. XII. des Einführungsgesetzes vom 30. August 1871 zum Reichsstrafgesetzbuche für Elsaß-Lothringen sind alle früheren die Zuständigkeit betreffenden Vorschriften aufgehoben. Hiernach sind in Strafsachen nur die Gerichte zuständig und die Bestimmungen über die Befugniß der Bezirksräthe in fraglicher Beziehung außer Kraft.

Die Bestrafung aller Eingriffe und Beschädigungen an öffentlichen Flüssen und Kanälen gehört nach Art. 7. Tit. 28 der Ordonnanz von 1669 in Verbindung mit § 1 Abs. 2. des Reichsstrafgesetzbuches und Art. XII. des Einführungsgesetzes vom 30. August 1871 zur Zuständigkeit der Zuchtpolizeikammer der Landgerichte.

Ueber die Giltigkeit der Strafbestimmungen in den Ordonnanzen von 1669 und 1777 2c. sind die Rechtsgelehrten streitig. Huber, S. 156, ist, unter Hinweis auf Aubry & Rau § 42 und auf das Gesetz vom 23. März 1842 der Meinung, daß die vor der Revolution erlassenen königlichen Ordonnanzen Gesetze sind, welche nur durch ein Gesetz abgeändert werden können, daß also dieselben nicht als „Polizei-Verordnungen“ zu erachten und die in denselben enthaltenen Strafbestimmungen durch § 366 d. R. St. G. B. (in der Fassung von 1876) nicht berührt worden sind. Förtsch und Leoni II. S. 5 nehmen dagegen den Ausdruck „Polizei-Verordnungen“ als gleichbedeutend mit „Vorschriften polizeilichen Inhalts“ und erachten demnach § 366 d. R. St. G. B. bei allen Zuwiderhandlungen in fraglicher Beziehung als anwendbar.

Ebenso ist Huber S. 102 mit Hinweis auf Oppenhoff, Comm. Art. II. d. Einf. Ges. f. Elf.-Lothr. Ziff. 3 der Meinung, daß die Strafbestimmungen des Art. 6 d. Ges. v. 10. Juni 1854 als besondere Vorschriften im Sinne des Art. II. Abs. 2 des Einf. Ges. v. 30. August 1871 erscheinen und deßhalb nicht als durch das Einf. Ges. vom 30. August 1871 als aufgehoben zu betrachten sind. Derselbe fügt hinzu, daß die Bestimmnngen des R. St. G. B. über Sachbeschädigungen in fraglicher Beziehung keine Anwendung finden könnten, da diese die Beschädigung einer fremden Sache voraussetzten und sonach auf den Eigenthümer des dienenden Grundstückes keine Anwendung finden könnten, außerdem unterscheide Art. 457 des franz. St. G. B., ob eine Beschädigung eingetreten sei oder nicht. Anderer Ansicht Förtsch und Leoni II. S. 408

Nach Huber und Oppenhoff sind also auch Art. 15 des Ruralgesetzes und Art. 457 des franz. Strafgesetzbuches noch in Geltung.

Jedenfalls ist es wünschenswerth, daß die Frage über die Anwendbarkeit der alten Strafbestimmungen bald gesetzlich gelöst wird.

S. §§ 188—213.

Zusammenstellung der landwirthschaftlichen Wassergesetze.

A. Die natürlichen Gewässer.

I. Oeffentliche Gewässer.

Bürgerliches Gesetzbuch Art. 538. 649. 650.

§ 1. Die Wege, Land- und andere Straßen, welche der Staat unterhält, die Ströme und Flüsse, welche schiffbar oder flößbar sind, die Ufer und Seeküsten, dasjenige, was das Meer angeschwemmt oder verlassen hat, die Häfen,

Buchten und Rheden, und überhaupt alle Theile des Staatsgebietes, welche nicht Privateigenthum sein können, werden als zum Staatseigenthum gehörig betrachtet.

§ 2. Die durch das Gesetz begründeten Dienstbarkeiten haben als Gegenstand den öffentlichen oder gemeinen Nutzen oder den Nutzen von Privaten.

§ 3. Zum allgemeinen Besten oder zum Vortheile einer Gemeinde eingeführte Dienstbarkeiten haben den Leinpfad längs den schiffbaren oder flößbaren Strömen, den Bau oder die Ausbesserung der Straßen und anderer öffentlicher oder einer Gemeinde zugehörigen Anlagen zum Gegenstande. — Alles was diese Gattung von Dienstbarkeit betrifft, wird durch besondere Gesetze oder Verordnungen bestimmt.

Verordnung vom August 1669 Tit. 28. Art. 7.

§ 4. Die Eigenthümer der an schiffbare Gewässer angrenzenden Grundstücke müssen längs dem Ufer derselben wenigstens 24 Fuß breit für den Leinpfad freilassen; Anpflanzung von Bäumen, Anlagen von Hecken und Umzäunungen dürfen nicht näher als 30 Schritte von dem Ufer, auf welchem die Schiffe gezogen werden, und 10 Schritte von dem gegenüberliegenden Ufer gemacht werden, bei Strafe von 400 Mk., Konfiskation der Bäume und Herstellung der Pfade auf Kosten der Zuwiderhandelnden.

Kaiserl. Verordnung vom 22. Januar 1808. Art. 1—4.

§ 5. Die Verfügungen des Artikels 7, Titel 28 der Verordnung vom Jahre 1669 sind auf alle schiffbaren Flüsse des Staats anwendbar, sei es nun, daß die Schifffahrt zu jener Zeit schon darauf statt hatte oder daß sich die Regierung seitdem dazu entschlossen oder sich heute und künftig dazu entschließen möchte, sie schiffbar zu machen.

§ 6. Demnach sind die Eigenthümer der Ufergründe gehalten, zu welcher Zeit auch die Schifffahrt stattgefunden oder stattfinden möchte, den Raum für den Leinpfad frei zu lassen.

§ 7. Den Angrenzern der Ströme und Flüsse, auf welchen die Schifffahrt nicht bestand und eingerichtet werden wird, soll eine Entschädigung nach Maßgabe des ihnen entstehenden Schadens bezahlt werden; diese Entschädigung wird nach den Vorschriften des Gesetzes vom 16. September 1807 bestimmt.

§ 8. Die Verwaltung kann, sofern der Dienst nicht darunter leidet, die Breite der Leinpfade vermindern, namentlich wenn vorher Einfriedungen mit lebenden Hecken, Mauern oder Kunstbauten bestanden oder Häuser beseitigt werden müßten.

Gesetz über die Flußfischerei vom 15. April 1829. Art. 35.

§ 9. Die Pächter und Inhaber von Erlaubnißscheinen dürfen an den Strömen und schiffbaren Flüssen und Kanälen nur den Leinpfad und an den floßbaren Flüssen und Wasserläufen nur den Floßpfad benützen. Sie haben mit den Eigenthümern der Ufergrundstücke über deren Benutzung zum Ziehen und Trocknen ihrer Netze sich zu verständigen.

Verordnung vom August 1669. Tit. 27. Art. 44.

§ 10. Niemand darf das Wasser der schiffbaren und flößbaren Flüsse ableiten oder ihren Lauf durch Gräben oder Kanäle schwächen und ändern, widrigenfalls die Uebertreter als unrechtmäßige Anmaßer gestraft werden und die Herstellungskosten vergüten müssen.

Bürgerliches Gesetzbuch Art. 556. 557. 559. 560. 562. 563.

§ 11. Anschwemmungen und Vergrößerungen, die sich nach und nach und unmerklich an Grundstücken bilden, welche an einem Strome oder Flusse angrenzen, heißen Alluvion. — Diese Alluvion gereicht dem angrenzenden Eigenthümer zum Vortheile, es mag nun der Fluß oder Strom schiffbar oder flößbar sein oder nicht, unter der Verpflichtung, in dem ersten Falle einen Fußsteig oder Leinpfad, den Verordnungen gemäß, frei zu lassen.

§ 12. Dasselbe gilt von Plätzen, welche das fließende Wasser bildet, indem es sich unmerklich von einem Ufer zurückzieht und auf das andere übertritt; der Eigenthümer des verlassenen Ufers hat den Vortheil von der Alluvion, ohne daß der angrenzende Eigenthümer der entgegengesetzten Seite, den Boden, welchen er verloren hat, dort in Anspruch nehmen kann. — Dies Recht hat in Ansehung der vom Meere verlassenen Plätze nicht statt.

§. 13. Wird von einem Strome oder Flusse, er sei schiffbar oder nicht, ein beträchtlicher und erkennbarer Theil eines angrenzenden Landes durch plötzliche Gewalt abgerissen und einem unterhalb oder am entgegengesetzten Ufer gelegenen Lande zugeführt; so kann der Eigenthümer des abgerissenen Stückes sein Eigenthum in Anspruch nehmen; er ist aber gehalten, seine Klage in Jahresfrist anzustellen; nach dieser Frist ist dieselbe nicht mehr annehmbar, es sei denn, daß der Eigenthümer des Landes, mit welchem das abgerissene Stück vereinigt worden ist, dasselbe noch nicht in Besitz genommen hat.

§ 14. Große und kleine Inseln und Anwüchse, die sich in dem Bette der Ströme und Flüsse, welche schiffbar oder flößbar sind, bilden, gehören dem Staate, wenn nicht eine Erwerbungsurkunde oder Verjährung entgegen steht.

§ 15. Wenn ein Fluß oder ein Strom, indem er sich einen neuen Arm bildet, das Land eines angrenzenden Eigenthümers abschneidet und umgibt, und daraus eine Insel bildet; so behält dieser Eigenthümer das Eigenthum seines Landes, selbst wenn die Insel sich in einem Strome oder in einem schiffbaren oder flößbaren Flusse gebildet hat.

§ 16. Wenn ein Strom oder ein Fluß, er sei schiffbar, flößbar, oder nicht, seinen Lauf verändert und sein altes Flußbett verläßt; so nehmen die Eigenthümer der nunmehr unter Wasser gesetzten Grundstücke, als Entschädigung, das alte verlassene Flußbett, ein jeder nach Verhältniß des ihm entzogenen Bodens.

§ 17. Die Bestimmungen der §§ 37. 38. 40. 42. 43. 45—54. 112. 151. 154—163. 166 Ziff. 3. 168. 175 Ziff. 1 u. 2. 176. 179. 184. 190. finden Anwendung.

II. Privatgewässer.

1. Geschlossene Gewässer.

Bürgerliches Gesetzbuch Art. 558. 640. 641. 642. 643. 681. 696.

§ 18. Die Alluvion hat bei Seen und Teichen nicht statt; der Eigenthümer derselben behält immer den Boden, welchen das Wasser bedeckt, wenn es bis zu der Höhe des Ab=

flusswehres gestiegen ist, auch wenn die Masse des Wassers sich nachher vermindert. — Umgekehrt erwirbt der Eigenthümer des Teiches kein Recht auf die angrenzenden Grundstücke, welche das Teichwasser bei ordentlichen Anschwellungen bedeckt.

§ 19. Die tiefer liegenden Grundstücke müssen von den höher liegenden das Wasser aufnehmen, welches nach seinem natürlichen Laufe, ohne daß Menschenhände etwas dazu beitragen, davon abfließt. — Der Eigenthümer des unterhalb liegenden Grundstückes darf keinen Damm aufwerfen, der diesen Abfluß verhindert. — Der Eigenthümer des oberhalb liegenden Grundstückes darf nichts unternehmen, was die Dienstbarkeit des unterhalb liegenden Grundstückes erschwert.

§ 20. Wer eine Quelle auf seinem Grundstücke hat, kann sich derselben nach Willkür bedienen, vorbehaltlich des Rechtes, welches der Eigenthümer des unterhalb liegenden Grundstückes durch einen Rechtstitel oder durch Verjährung etwa erworben hat.

§ 21. Die Verjährung wird in diesem Falle nur begründet durch einen dreißigjährigen, nicht unterbrochenen Besitz, von dem Zeitpunkte an gerechnet, von welchem der Eigenthümer des unterhalb liegenden Grundstückes sichtbare Anlagen gemacht und vollendet hat, die dazu bestimmt sind, den Fall und Lauf des Wassers auf sein Eigenthum zu erleichtern.

§ 22. Der Eigenthümer der Quelle darf deren Lauf nicht verändern, wenn sie den Einwohnern einer Gemeinde, eines Dorfes oder eines Weilers das ihnen nöthige Wasser liefert; haben indessen die Einwohner den Gebrauch derselben nicht erworben oder ersessen, so kann der Eigenthümer eine durch Sachverständige festzusetzende Entschädigung begehren.

§ 23. Jeder Eigenthümer muß seine Dächer so einrichten, daß das Regenwasser auf seinen eigenen Grund und Boden oder auf die öffentliche Straße fällt; er darf es nicht auf das Grundstück seines Nachbarn abfließen lassen.

§ 24. Wenn man eine Dienstbarkeit einräumt, so wird angenommen, daß man alles gestatte, was erforderlich ist, um sie auszuüben. — So hat die Dienstbarkeit an einem fremden Brunnen Wasser zu schöpfen, das Recht, sich des Weges über seinen Grund zu bedienen, nothwendig zur Folge.

Kaiserl. Decret vom 7. März 1808. Art. 1 u. 2.

§ 25. Niemand darf ohne Erlaubniß in einer Nähe von weniger als 100 Metern von den neuen Begräbnißörtern, die zufolge der Gesetze und Verordnungen außerhalb der Gemeinden verlegt worden sind, eine Wohnung bauen, noch einen Brunnen graben.

§ 26. Ebenso dürfen die vorhandenen Gebäude nicht ohne Erlaubniß ausgebessert oder vergrößert werden. — Die Brunnen dürfen nach widersprecherischem Gutachten von Sachverständigen, zufolge Anordnung des Bezirkspräsidenten, auf Antrag der Ortspolizei zugeworfen werden.

Bürgerliches Gesetzbuch Art. 564.

§ 27. Tauben, Kaninchen, Fische, die in ein anderes Taubenhaus, Kaninchengehege oder in einen andern Fischteich übergehen, gehören dem Eigenthümer dieser Gegenstände, sofern sie nicht durch Betrug und Kunstgriffe herbeigelockt worden sind.

Ruralgesetz vom 6. October 1791. Tit. II. Art. 15.

§ 28. Niemand darf das Grundstück seines Nachbarn überschwemmen, noch ihm mit Willen Wasser in schädlicher Weise zuleiten, bei Strafe den Schaden zu ersetzen und eine Geldbuße, welche indeß den Betrag des Schadenersatzes nicht übersteigen darf, zu zahlen.

§ 29. Die Bestimmungen der §§ 2. 3. 39. 56—61. 64—66. 70—108. 118. 121. 151—164. 186 finden Anwendung.

2. Nichtgeschlossene Gewässer.

Bürgerliches Gesetzbuch, Art. 644. 645. 561.

§ 30. Derjenige, dessen Eigenthum an einem fließenden Wasser liegt, welches nicht in dem Art. 538 in dem Titel: von der Eintheilung der Sachen, als zu dem Staatseigenthume gehörig erklärt ist, kann sich desselben da, wo es vorbeifließt, zur Bewässerung seiner Grundstücke bedienen. — Derjenige, über dessen Grundstück dieses Wasser fließt, kann sich sogar desselben in dem Zwischenräume, den es daselbst durchläuft, bedienen, jedoch unter der Verpflichtung, es da, wo es sein Grundstück verläßt, seinem gewöhnlichen Laufe wieder zu überlassen.

§ 31. Erhebt sich ein Streit unter den Eigenthümern, welchen dergleichen Wasser nützlich sein kann; so sollen die Gerichte bei ihren Aussprüchen das Interesse des Ackerbaues mit der dem Eigenthume schuldigen Achtung in Einklang bringen; in allen Fällen sind die besonderen und lokalen Verordnungen über den Lauf und die Benutzung des Wassers zu beobachten.

§ 32. Inseln und Anschwemmungen, die in nicht schiffbaren und flößbaren Flüssen sich bilden, gehören den angrenzenden Eigenthümern der Seite, wo die Insel sich gebildet hat; hat sich die Insel nicht ganz auf einer Seite gebildet, so gehört sie den angrenzenden Eigenthümern der beiden Seiten, von der Linie an gerechnet, welche man sich durch die Mitte des Flusses gezogen denkt.

§ 33. Ueber die Alluvionen, Avulsionen ꝛc. kommen die Bestimmungen der §§ 11. 12. 13. 15. 16. in Anwendung.

§ 34. Die Vorfluths-Bestimmungen des § 19, sowie die Bestimmungen der §§ 9. 28. 39. 40. 42. 43. 68—70. 114—118. 122 Ziff. 2. 150. 151. 173. 175 Ziff. 3—7 und 185 kommen in Anwendung.

3. Triftgewässer.

Gesetz vom December 1672.

Kap. XVII. Betreffend den Handel mit neuem Holze, Floß- und Nutzholz. Art. 6.

§ 35. Die Floßholzhändler können ihr Holz in unverbundenen Scheiten den Flüssen übergeben, haben aber die betreffenden Gutsherrschaften durch öffentliche Bekanntmachung davon zu benachrichtigen. Diese Bekanntmachung muß 10 Tage vor Beginn der Flößung von den Kanzeln aller Pfarrkirchen vom Anfangsort bis zum Endort der Flößung erfolgen. Auch müssen die Floßholzhändler Ersatz für allen Schaden leisten, der durch die Flößung an den Werken und Bauten der fraglichen Flüsse angerichtet wird.

Gesetz vom 3. Januar 1797. Art. 3.

§ 36. Alle Eigenthümer von Grundstücken, die an Flüsse oder Bäche grenzen, auf welchen ungebundene Hölzer geflößt werden, müssen längs den Ufern 4 Fuß für die mit der Flößerei beauftragten Beamten freilassen, bei Vermeidung der hinsichts der Leinpfadsverletzungen ausgesprochenen Strafen.

B. Die künstlichen Wasserwerke nebst Ent- und Bewässerung der Grundstücke.

I. Der Wasserstau.

Verordnung v. August 1669. Tit. 27. Art. 42. 43.

§ 37. Keiner, er sei Eigenthümer oder Besitzer, darf Mühlen, Dämme, Schleußen, Verpfahlungen, Ablaufgräben, Mauern, Baumpflanzungen, Stein- und Grundhaufen, Faschinen noch andere Aufbauungen oder Hindernisse, die den Lauf des Wassers hemmen, in den schiffbaren und flößbaren Strömen und Flüssen anlegen oder in Angriff nehmen, noch Unrath und Koth hineinwerfen oder auf den Gestaden und Ufern aufhäufen, bei Strafe willkürlicher Geldbußen.

§ 38. Diejenigen, welche Mühlen, Schleußen, Schutzbretter, Pfahlwerke und andere Anstalten im Umfange der schiffbaren und flößbaren Ströme und Flüsse ohne erhaltene Erlaubniß errichten lassen, sollen gehalten sein sie abzureißen, wo nicht so wird solches auf ihre Kosten geschehen.

Ruralgesetz v. 6. October 1791. Tit. 2. Art. 16.

§ 39. Die Eigenthümer und Pächter von Mühlen und Triebwerken, sowohl der schon erbauten als noch zu erbauenden, sind für allen Schaden haftbar, welchen das Wasser an Wegen oder anderen benachbarten Grundstücke in Folge zu hoher Stellung der Fluthrinnen oder anders wie, anrichten kann. Sie werden dazu angehalten werden, ihr Wasser auf einer Höhe zu halten, welche Niemand Schaden bringen kann, und welche von Seiten der Bezirksverwaltungs-Behörde nach Begutachtung von Seiten der Kreisverwaltungs-Behörde festgestellt wird. Im Uebertretungsfalle besteht die Strafe in einer Geldbuße, welche die Summe des Schadensersatzes nicht übersteigen darf.

Instruktion v. 6. August 1798.

§ 40. Wer in schiffbaren oder flößbaren Flüssen, in

allgemeinen Bewässerungs- oder Austrocknungskanälen, eine Brücke, eine Chaussee, auf die Dauer oder nur auf einige Zeit, einen Damm oder irgend eine Anlage zu machen wünscht, wodurch der freie Lauf des Wassers beschränkt wird, muß sein begründetes Gesuch, in welchem zugleich der Ort deutlich beschrieben ist, wo die Anlage gemacht werden soll, dem Bezirkspräsidenten übergeben.

§ 41. Die Bestimmungen der §§ 6. 19—21. 28. 30. 31. 152—160. 162. 163. 166 Ziff. 3. 173. 175. Ziff. 1—4 und 7. 179—181 und 185 finden Anwendung.

II. Der Wasserschutz.

Gesetz v. 16. September 1807 über Austrocknung der Sümpfe. Tit. VII. Von den Dämmen. Art. 33. 34. erster Satz.

§ 42. Wenn es sich um Erbauung von Dämmen gegen das Meer oder gegen schiffbare oder nicht schiffbare Ströme, Flüsse und Gießbäche handelt, so soll deren Nothwendigkeit durch die Staatsregierung bestätigt, und die Ausgabe von dem beschützten Eigenthum nach Maßgabe der Interessen an den Arbeiten getragen werden, vorbehaltlich der Fälle, in welchen der Staat es für nützlich und gerecht erachtet, Hilfsmittel aus öffentlichen Fonds zu gewähren.

§ 43. Die im Gesetz v. 16/IX. 1807 angegebenen Formen und die Mitwirkung einer Kommission sollen bei Ausführung des vorhergehenden Artikels angewendet werden.

§ 44. Die Bestimmung der §§ 19. 45—50. 54. 110—117. 122 Ziff. 1. 150. 151. 154—163. 166 Ziff. 3. 175 Ziff. 8b 179—181. 184 und 186 finden hier Anwendung. [1])

---

[1]) In allen Fällen, in welchen die Damm- oder Faschinenarbeiten am Rhein die rasche Lieferung von Holz oder Weiden erfordern, kann der Bezirkspräsident, indem er die Dringlichkeit feststellt, die Abgabe dieser Gegenstände in erster Linie aus den Waldungen des Staats und im Falle der Unzulänglichkeit derselben aus denen der Gemeinden und öffentlichen Anstalten und aushilfsweise endlich aus denen der Privaten verlangen, alles dies bis auf eine Entfernung von 5 Kilometern von den Ufern des Stromes. Vgl. Forstgesetzbuch v. 21/V. 1827, Tit. IX. Absch. II. Art. 136—143. Ordonnanz z. V. d. F. G. B. v. 1/VIII. 1827. Tit. VIII. Absch. II. Art. 162—168.

III. Die Flußbettregulirungen, Gräben und Kanäle.

Gesetz v. 16. September 1807. Art. 28—32. 34 zweiter und dritter Satz 38—41.

Titel VII. Von den Arbeiten für die Schifffahrt, von Straßen, Brücken, Gassen, Plätzen und Staden in den Städten, von Dämmen.

§ 45. Wenn durch Eröffnung eines Schifffahrtskanals, durch Schiffbarmachung eines Flusses, durch Erbauung einer Landstraße oder einer Brücke, ein oder mehrere Bezirke oder Kreise eine Erhöhung des Werths des Grundbesitzes erhalten, so sind sie verpflichtet zu den Kosten der Arbeiten mittelst Zuschlägen zu den Steuern beizutragen und zwar nach dem Maßstab, welcher durch Specialgesetze festgestellt wird.

Diese Beiträge dürfen die Hälfte der Kosten nicht übersteigen; die Staatsverwaltung leistet den Mehrbetrag.

§ 46. Wenn es sich um Herstellung oder Verbesserung der Kleinschifffahrt, oder eines Floßkanals, um Eröffnung oder Unterhaltung großer Straßen von lokalem Nutzen, um Errichtung oder Unterhaltung von Brücken auf solchen Straßen oder auf Gemeindewegen handelt, so haben die Bezirke nach einem gewissen Verhältniß, die meistinteressirten Kreise nach einem andern und die meistbetheiligten Gemeinden wieder nach einem andern Verhältnisse beizutragen, je nach den Graden des Nutzens.

Der Staat giebt in diesem Falle nur Zuschüsse, wenn er es für zweckmäßig erachtet; das Verhältniß der verschiedenen Beiträge wird durch Specialgesetze festgestellt.

§ 47. Wenn in Folge der in gegenwärtigem Gesetze schon aufgeführten Arbeiten oder durch Eröffnung neuer Straßen, durch Herrichtung neuer Plätze, durch Errichtung von Staden oder durch sonstige vom Staate, von Bezirken oder Gemeinden vorgenommene, vom Staate angeordnete oder genehmigte öffentlichen Arbeiten, Privateigenthum beträchtlich im Werthe erhöht wurde, so kann dieses Eigenthum zur Entrichtung einer Vergütung beigezogen werden, welche bis zum Werthe der Hälfte des erhaltenen Vortheils angesetzt werden kann; das Ganze wird durch Abschätzung in den im gegenwärtigen Gesetze schon festgesetzten Formen geregelt und durch die zu diesem Zwecke zusammengesetzte Kommission beurtheilt und genehmigt.

§ 48. Die Vergütungen für den Mehrwerth werden nach dem Belieben der Schuldner in Geld oder durch Festsetzung einer Rente zu vier Prozent oder durch Ueberlassung eines Theils des Eigenthums, sofern dies theilbar ist, geleistet; sie können auch die Grundstücke, Ländereien und Gebäude, deren Wertherhöhung zur Vergütung Anlaß gibt, im Ganzen überlassen und zwar auf die Schätzung nach Maßgabe des Werthes, welchen der fragliche Gegenstand vor dem Beginn der Arbeiten hatte, die zu der Wertherhöhung Anlaß gaben.

Die Art. 21 und 23 bezüglich der Enregistrements-Gebühren und Hypotheken sind auf die im gegenwärtigen Artikel angeführten Fälle anwendbar.

§ 49. Die Vergütungen sind von den Eigenthümern der an die Arbeiten anstoßenden Grundstücke nur geschuldet, wenn nach Anhörung der betheiligten Partien durch eine auf den Vortrag des Oberpräsidenten erlassene Kaiserl. Verordnung entschieden hat, daß die beiden vorhergehenden Artikel zur Anwendung kommen sollen.

§ 50. Wenn es sich um Aufbringung der Mittel für Unterhaltung und Wiederherstellung dieser Arbeiten, oder um Reinigung der Kanäle, welche zu gleicher Zeit Schifffahrts- und Entwässerungskanäle sind, handelt, so wird durch Kaiserl. Verordnung bestimmt, welchen Theil der Staat und welchen Theil die Eigenthümer aufzubringen haben.

Gleiches findet statt, wenn es sich um Dämme, Wehre, Durchlässe und Schleußen handelt, bei welchen Eigenthümer von Mühlen oder Triebwerken interessirt sind.

Titel VIII. Von Straßen- und Schifffahrtsarbeiten zur Bewirthschaftung der Wälder und Bergwerke.

§ 51. Wenn es sich um Anlage oder Verbesserung einer Straße oder einer Wasserstraße für die Schifffahrt handelt, deren Zweck es ist, die Erzeugnisse der Wälder, Bergwerke und Erzgruben mit Ersparung von Kosten zu verwerthen oder denselben eine Abfuhrgelegenheit zu verschaffen, so haben alle Besitzungen dieser Gattung, welche davon Vortheil ziehen, mögen sie dem Staate, Gemeinden oder Privaten gehören, sämmtliche Kosten in dem Maßstabe zu tragen, als sie davon Vortheil ziehen.

Der Staat kann jedoch aus öffentlichen Mitteln die Beihilfe gewähren, welche er für nothwendig erachtet.

§ 52. Die Eigenthümer können sich in den in Artikel 21, 22 und 23 des gegenwärtigen Gesetzes (§§ 91—93) angegebenen Formen frei machen.

§ 53. Die Formen der Abschätzung und die Mitwirkung der durch das gegenwärtige Gesetz geschaffenen Kommission sind bei der Ausführung der beiden vorhergehenden Artikel zur Anwendung zu bringen.

Titel IX. Von der Konzessionirung verschiedener zum Staatsgut gehöriger Gegenstände.

§ 54. Die Staatsregierung wird unter den von ihr aufgestellten Bedingungen die Sümpfe, An- und Abschwemmungen des Meers, das Recht der Eindämmung, die Anschwemmungen und Anwachsungen der Ströme, Flüsse und Gießbäche, soweit diese Gegenstände einen Theil des öffentlichen oder Staatseigenthums bilden, vergeben.

§ 55. Die Bestimmungen der §§ 5—9. 43. 110—112 122 Ziff. 2. 150. 151. 154—163. 166 Ziff. 3. 179—181. 184. 186. finden Anwendung.

Bürgerliches Gesetzbuch. Art. 666. 667. 668. 669.

§ 56. Alle Gräben zwischen zwei Grundstücken werden für gemeinschaftlich gehalten, wenn nicht das Gegentheil aus einem Titel oder aus einem Merkmale hervorgeht.

§ 57. Ein Merkmal der Nichtgemeinschaft ist vorhanden, wenn der Erdwall oder der Auswurf der Erde sich nur auf einer Seite des Grabens befindet.

§ 58. Der Graben wird als demjenigen ausschließlich zugehörend betrachtet, auf dessen Seite sich der Auswurf befindet.

§ 59. Ein gemeinschaftlicher Graben muß auf gemeinschaftliche Kosten unterhalten werden.

IV. Die Ent- und Bewässerung der Grundstücke.

Gesetz vom 10. Juni 1854 über den ungehinderten Ablauf des von Entwässerungsanlagen herrührenden Wassers. Art. 1—3. 5 letzter Satz.

§ 60. Jeder Grundeigenthümer, welcher sein Grundstück durch Drainage oder eine andere Art der Entwässerung verbessern will, kann gegen gerechte und vorgängige Entschädigung das Wasser unterirdisch oder zu Tage durch die Grundstücke ableiten, welche sein Grundstück von einem fließenden Wasser oder jedem andern Ableitungswege trennen.

Ausgenommen von dieser Dienstbarkeit sind die Häuser und mit Wohnungen zusammenhängende Höfe, Gärten, Parke und Einfriedigungen.

§ 61. Die Eigenthümer der benachbarten oder durchschnittenen Grundstücke sind berechtigt sich der auf Grund des vorhergehenden Artikels gemachten Anlagen zur Ableitung der Gewässer ihrer Grundstücke zu bedienen.

Ihnen fallen alsdann zur Last:

1. Ein verhältnißmäßiger Theil des Werths der Arbeiten, von welchen sie Vortheil ziehen;
2. Die Kosten der Abänderungen, welche die Ausübung dieser Befugniß nothwendig macht;
3. Für die Zukunft ein Beitrag zur Unterhaltung der gemeinschaftlich gewordenen Anlagen.

§ 62. Den Vereinigungen der Eigenthümer, welche durch gemeinsame Anlagen ihre Grundstücke mittelst der Drainage oder jede andere Art der Entwässerung verbessern wollen, stehen die Rechte zu und liegen die Lasten ob, welche sich aus den vorhergehenden Artikeln ergeben. Diese Vereinigungen können auf ihr Ansuchen durch Beschluß des Bezirkspräsidenten als Syndikate eingesetzt werden, auf welche die Artikel 3 und 4 des Gesetzes vom 4. Mai 1803 (§§ 116 und 117) anwendbar sind.

§ 63. Die Bestimmungen der §§ 19. 71—95. 114—118. 122 Ziff. 7. 131. 151—153. 175 Ziff. 5. 6 u. 186. finden hier Anwendung.

Gesetz vom 29. April 1845 über die Bewässerung. Art. 1—3. 4 letzter Satz.

§ 64. Jeder Grundeigenthümer, welcher zur Bewässerung seines Eigenthums Wasser verwenden will, worüber er verfügen kann, sei dies natürlich vorhanden oder durch Vorrichtungen herbeigeführt, kann dieses Wasser über die dazwischen liegenden Grundstücke gegen gerechte und vorgängige Entschädigung leiten.

Ausgenommen von dieser Dienstbarkeit sind die Häuser und mit Wohnungen zusammenhängende Höfe, Gärten, Parke und Einfriedigungen.

§ 65. Die Eigenthümer der unterhalb liegenden Grundstücke sind, vorbehaltlich der ihnen etwa zukommenden Entschädigung, verpflichtet das Wasser aufzunehmen, welches von den in dieser Weise bewässerten Grundstücken abfließt.

Ausgenommen von dieser Dienstbarkeit sind ebenfalls die Häuser und mit Wohnungen zusammenhängende Höfe, Gärten, Parke und Einfriedigungen.

§ 66. Die gleiche Befugniß, das Wasser über die dazwischen liegenden Grundstücke zu leiten, kann dem Eigenthümer eines ganz oder theilweise unter Wasser stehenden Grundstücks bewilligt werden, um dem schädlichen Wasser Ablauf zu verschaffen.

§ 67. Die Bestimmungen der §§ 20—22. 30. 31. 118. 122 Ziff. 6. 131. 151—153. 173. 175. Ziff. 6. 7. und 186 finden hier Anwendung.

Gesetz vom 11. Juli 1847 über die Bewässerung. Art. 1 und 2. 3letzter Satz.

§ 68. Jeder Grundeigenthümer, welcher zur Bewässerung seines Eigenthums Wasser verwenden will, worüber er verfügen kann, sei dies natürlich vorhanden oder durch Vorrichtungen herbeigeführt, kann die Befugniß erhalten, die für seine Wasserleitung nöthigen Anlagen an das gegenüberliegende Ufergrundstück anzulehnen, gegen gerechte und vorgängige Entschädigung.

Ausgenommen von dieser Dienstbarkeit sind Gebäude, Höfe und mit Wohnungen zusammenhängende Höfe und Gärten.

§ 69. Der Eigenthümer des Ufergrundstücks, an welches die Anlage angelehnt werden soll, kann stets den gemeinsamen Gebrauch des Wehrs beanspruchen, wenn er die Hälfte der Herstellungs- und Unterhaltungskosten trägt; in diesem Falle ist gegenseitig eine Entschädigung nicht begründet, und diejenige, welche etwa bezahlt wurde, muß zurückgegeben werden.

Wenn diese gemeinsame Benützung erst nach Beginn oder Vollendung der Arbeiten in Anspruch genommen wird, so hat derjenige, welcher sie beansprucht, allein den Mehrbetrag der Kosten zu übernehmen, welcher durch die Aenderung am Wehre, um dies für die Bewässerung der beiden Ufer geeignet zu machen, entsteht.

§ 70. Die Bestimmungen des § 186 finden hier

Anwendung. Wenn eine Expertise in den Fällen der §§ 60—69 nothwendig wird, so darf nur ein einziger Sachverständiger ernannt werden.

V. Die Sümpfe.

1. Die Austrocknung der Sümpfe.

Gesetz vom 16. September 1807. Art. 1—24.

Titel I. Austrocknung der Sümpfe.

§ 71. Das Eigenthum der Sümpfe ist besonderen Regeln unterworfen. Die Staatsregierung verordnet die Austrocknungen, welche sie für nützlich oder nothwendig erachtet.[1])

§ 72. Die Austrocknungen werden durch den Staat oder durch begünstigte Unternehmer bewerkstelligt.

§ 73. Wenn ein Sumpf einem einzigen Eigenthümer gehört oder alle Eigenthümer einverstanden sind, so soll die Ermächtigung zur Austrocknung ihnen stets bewilligt werden, wenn sie sich verbindlich machen, solche innerhalb der gegebenen Fristen und nach den von der Staatsregierung angenommenen Plänen auszuführen.

§ 74. Wenn ein Sumpf einem Eigenthümer allein oder einer Vereinigung von Eigenthümern zugehört, welche die Austrocknung in den festgesetzten Fristen und nach den angenommenen Plänen nicht annehmen wollen, oder welche den übernommenen Bedingungen nicht nachkommen; wenn die Eigenthümer nicht sämmtlich einig sind; wenn unter denselben sich eine oder mehrere Gemeinden befinden; so soll die Vergebung der Austrocknung zu Gunsten derer stattfinden, deren Anerbieten die Staatsregierung als das Vortheilhafteste erachtet. Die Anerbieten, welche von den als Eigenthümer betheiligten Gemeinden oder Seitens einer gewissen Anzahl vereinigter Eigenthümer gemacht werden, sollen bei gleichen Bedingungen den Vorzug erhalten.[2])

§ 75. Die Vergebungen erfolgen durch Kaiserliche Verordnungen nach Maßgabe der von den Ingenieuren der

---

[1]) Vgl. §§ 122 Ziffer 3 und 150.
[2]) Vgl. §§ 126 und 134.

Brücken und Straßen aufgestellten oder von ihnen geprüften und genehmigten Pläne, unter den durch gegenwärtiges Gesetz vorgeschriebenen, sowie durch die künftigen allgemeinen Verordnungen festzusetzenden Bedingungen und nach den nach Maßgabe der örtlichen Verhältnisse festzusetzenden Lasten.

§ 76. Die Pläne werden auf Kosten der Unternehmer der Austrocknung aufgestellt, geprüft und genehmigt; wenn diejenigen, welche das erste Angebot machten und Pläne aufstellen und prüfen ließen, nicht begünstigt werden, so sollen ihnen die Kosten von den schließlichen Begünstigten zurückersetzt werden.

Der Hauptplan des Sumpfes soll alle Ländereien in sich begreifen, welche voraussichtlich von der Austrocknung Vortheil ziehen; jedes besondere Eigenthum soll darin bezeichnet und dessen Größe genau beschrieben werden.

Dem Hauptplan sind alle nöthigen Profil- und Nivellementszeichnungen beizufügen; sie sollen auf dem Plan thunlichst durch besondere Bezifferung ausgedrückt werden.

Titel II. Bestimmung der Größe, der Art und des Schätzungswerths der Sümpfe vor der Austrocknung.

§ 77. Wenn die Staatsregierung eine Austrocknung vornehmen läßt oder die Vergünstigung hierzu ertheilt, so ist unter den Eigenthümern ein Syndikat zu bilden, um die Sachverständigen zu ernennen, welche die im gegenwärtigen Gesetze vorgeschriebenen Abschätzungen vorzunehmen haben.

Die Syndiken werden vom Bezirkspräsidenten ernannt; sie sind aus den Meistbetheiligten nach Maßgabe der auszutrocknenden Flächen zu nehmen; sie sollen wenigstens drei und höchstens neun an der Zahl sein, worüber in dem Vergebungsakt Bestimmung getroffen wird.

78. Die vereinigten Syndiken erwählen einen Sachverständigen und bringen ihn bei dem Bezirkspräsidenten in Vorschlag. Die Unternehmer bringen einen zweiten in Vorschlag, der Bezirkspräsident ernennt einen dritten Sachverständigen. Wenn die Austrocknung durch den Staat bewirkt wird, so ernennt der Bezirkspräsident den zweiten und der Oberpräsident den dritten Sachverständigen.

§ 79. Die Fläche der Sümpfe wird in mehrere Klassen eingetheilt, deren Anzahl nicht über zehn und nicht unter fünf sein darf; diese Klassen werden je nach den verschiedenen Graden der Ueberschwemmung gebildet. Wenn der Werth der verschiedenen Theile des Sumpfes durch weitere Umstände als die verschiedenen Grade der Ueberschwemmung bedingt wird, so werden nur in diesem Falle die Klassen ohne Rücksicht auf diese verschiedenen Stufen und stets derart gebildet, daß alle Ländereien von voraussichtlich gleichem Schätzungswerth in derselben Klasse sich befinden.

§ 80. Die Umfassungslinie der einzelnen Klassen wird auf dem Katasterplan, welcher als Grundlage des Unternehmens dient, eingezeichnet. Diese Einzeichnung erfolgt durch die vereinigten Ingenieure und Sachverständigen.

§ 81. Der so verbreitete Plan wird dem Bezirkspräsidenten zur Genehmigung vorgelegt; er bleibt einen Monat auf dem Sekretariat der Bezirksverwaltung hinterlegt; die Betheiligten werden durch Anschläge aufgefordert, ihn einzusehen, um ihre Bemerkungen über dessen Richtigkeit, über die Ausdehnung der Grenzen, bis zu welchen die Wirkung der Austrocknung sich erstrecken wird, sowie über die Klasseneintheilung zu machen.

§ 82. Nachdem der Bezirkspräsident diese Bemerkungen, sowie die Antworten der Unternehmer der Austrocknung, der Ingenieure und Sachverständigen erhalten hat, kann er die Vornahme der Untersuchungen, welche er als zweckdienlich erachtet, anordnen. Wenn nach dieser Prüfung die betheiligten Partien auf ihren Beschwerden verharren, so sind die Fragen vor die durch Titel X. des gegenwärtigen Gesetzes geschaffene Kommission (Bezirksrath) zu bringen.

§ 83. Wenn die Pläne endgiltig festgestellt sind, so begeben sich die beiden durch die Unternehmer der Austrocknung und die Eigenthümer ernannten Sachverständigen an Ort und Stelle; nachdem sie alle nöthigen Erkundigungen eingezogen haben, schreiten sie zur Abschätzung einer jeden der den Sumpf bildenden Klassen mit Berücksichtigung des wahren Werths im Augenblick der Abschätzung, als Sumpf betrachtet, und ohne eine stückweise Abschätzung der einzelnen Eigenthumstheile vorzunehmen.

Die Sachverständigen verfahren in Gegenwart des dritten Sachverständigen, welcher den Ausschlag gibt, falls sie sich nicht einigen.

§ 84. Das Protokoll über die Abschätzung nach Klassen wird während eines Monats auf dem Bezirkspräsidium hinterlegt. Die Betheiligten werden durch Anschlag hiervon in Kenntniß gesetzt und sich ergebende Beschwerden durch die Kommission (Bezirksrath) entschieden.

In allen Fällen wird die Abschätzung der besagten Kommission vorgelegt, um durch sie geprüft und genehmigt zu werden; sie kann über das Gutachten der Sachverständigen hinaus und gegen dasselbe Entscheidung treffen.

§ 85. Wenn die Abschätzung endgiltig beschlossen ist, so beginnen die Arbeiten der Austrocknung; sie sind in den in der Konzessionsurkunde festgesetzten Fristen und bei Vermeidung der darin bestimmten Strafen durchzuführen und zu vollenden.

Titel III. Von den Sümpfen während des Laufes der Austrocknungsarbeiten.

§ 86. Wenn in Folge der Größe der Sümpfe oder der Schwierigkeit der Arbeiten die Austrocknung in drei Jahren nicht bewerkstelligt werden kann, so kann den Unternehmern der Austrocknung im Vergebungsakt ein Theil des Ertrags der Grundstücke, welche zuerst von den Arbeiten der Austrocknung Nutzen gehabt haben, in Geld zugewiesen werden. Die Streitigkeiten über die Ausführung dieser Klausel des Vergebungsakts werden vor die Kommission (Bezirksrath) gebracht.

Titel IV. Von den Sümpfen nach der Austrocknung und der Schätzung ihres Werthes.

§ 87. Wenn die durch den Staat oder durch den Vergebungsakt vorgeschriebenen Arbeiten vollendet sind, wird zu deren Prüfung und Uebernahme geschritten. Streitigkeiten werden vor die Kommission (Bezirksrath) gebracht, welche darüber entscheidet.

§ 88. Sofort, nachdem die Anerkennung der Arbeiten genehmigt wurde, schreiten die von den Eigenthümern und den Unternehmern der Austrocknung ernannten Sachverständigen in Begleitung des dritten Sachverständigen und im Einverständniß mit den Ingenieuren zu einer Klassifikation der ausgetrockneten Grundstücke nach deren neuem Werthe und der Kulturart, zu welcher sie geeignet geworden sind. Wenn diese Klassifikation geprüft und festgesetzt ist, findet eine Abschätzung statt; es geschieht dies in den oben für die Klassifikation und Abschätzung der Sümpfe vor der Austrocknung angegebenen Formen.

Titel V. Regeln für Bezahlung der von den Eigenthümern zu leistenden Vergütungen im Falle der Besitzentsetzung.

§ 89. Sobald die Abschätzung der ausgetrockneten Grundstücke feststeht, reichen die Unternehmer der Austrocknung der Kommission ein Verzeichniß ein, welches Folgendes enthält:

1. die Namen der Eigenthümer;
2. die Größe ihres Eigenthums;
3. die Klassen, in welche dasselbe eingetheilt ist, das Ganze nach Maßgabe des Katasterplans;
4. den Betrag der ersten Abschätzung nach Größe und Klassen berechnet;
5. den Betrag des neuen Werths des Eigenthums seit der Austrocknung nach Maßgabe der zweiten Schätzung und zweiten Klassifikation berechnet;
6. endlich die Differenz zwischen beiden Schätzungen.

Wenn in dem Sumpfe Theile übrig bleiben, welche nicht ausgetrocknet werden konnten, so können für diese die Unternehmer der Austrocknung keinerlei Anspruch geltend machen.

§ 90. Der Betrag des durch die Austrocknung entstandenen Mehrwerths wird zwischen dem Eigenthümer und dem Unternehmer in der im Vergebungsakt festgesetzten Weise getheilt. Wenn eine Austrocknung durch den Staat vorgenommen wird, so ist sein Antheil an dem Mehrwerth derart festzusetzen, daß ihn alle seine Auslagen zurückvergütet werden. Das Verzeichniß der wegen des Mehrwerths zu leistenden Vergütungen wird durch die Kommission festgestellt und vom Bezirkspräsidenten vollziehbar erklärt.

§ 91. Die Eigenthümer haben das Recht, sich von allen ihrerseits zu leistenden Rückvergütungen dadurch zu befreien, daß sie einen verhältnißmäßigen nach Maßgabe der letzten Schätzung berechneten Theil des Bodens abtreten; in diesem Falle wird nur die feste Gebühr von 80 Pfennigen für Einregistrirung des Eigenthumsübertragungsakts erhoben.

§ 92. Wenn die Eigenthümer Grund und Boden

nicht abtreten wollen, so haben sie eine Rente zu vier Prozent zu bestellen; dieselbe ist stets im fünfundzwanzigfachen Betrage ablösbar und zwar selbst in Theilen, welche jedoch nicht geringer als ein Zehntel sein dürfen.

§ 93. Die Vergütungen, welche dem Staate oder den Unternehmern aus Veranlassung des durch die Austrocknung entstandenen Mehrwerths geschuldet werden, haben auf dem gesammten Mehrwerth ein Vorzugsrecht unter der einzigen Bedingung der Ueberschreibung des Vergebungsakts oder des die Austrocknung auf Rechnung des Staats anordnenden Dekrets in dem Hypothekenamt des Kreises, in welchem die Sümpfe liegen; wenn diese auf mehrere Kreise sich erstrecken, ist in sämmtlichen Hypothekenämtern die Ueberschreibung erforderlich. Jede vor der Austrocknung eingeschriebene Hypothek wird durch die oben vorgeschriebene Ueberschreibung auf einen Theil des Eigenthums beschränkt, welcher dem Werthe der ausgetrockneten Grundstücke bei der ersten Abschätzung entspricht.

§ 94. Wenn die Austrocknung auf dem oben auseinandergesetzten Wege nicht stattfinden kann, und wenn man in Folge von Naturschwierigkeiten oder der fortgesetzten Widersetzung der Eigenthümer nicht zur Austrocknung gelangt, so kann der Eigenthümer oder die Eigenthümer der Gesammtheit der Sümpfe zur Abtretung ihres Eigenthums auf die in den oben vorgeschriebenen Formen vorgenommene Abschätzung hin gezwungen werden.

Die Abschätzung wird der Prüfung und Genehmigung einer zu diesem Zwecke gebildeten Kommission unterstellt; die Abtretung wird auf den Vortrag des Oberpräsidenten durch kaiserl. Verordnung angeordnet.[1])

§ 95. Die Bestimmungen der §§ 42. 43. 45—54. 97—99. 110—112. 154—163. 180. 181. finden Anwendung.

2. Die Verbesserung ungesunder sumpfiger Gründe.

Gesetz über die Beseitigung sumpfiger Teiche vom 11. September 1792.

§ 96. Wenn Teiche nach den Gutachten und Protokollen der Sachverständigen durch die Fäulniß ihres Wassers

[1]) Vgl. §§ 150 und 153.

Krankheiten der Menschen oder der Thiere veranlassen können, oder wenn sie ihrer Lage nach Ueberfluthungen ausgesetzt sind, welche austretend die unterhalb liegenden Grundstücke beschädigen, so sind die Bezirksverwaltungen ermächtigt, auf ausdrückliches Verlangen der Gemeinderäthe und nach Aeußerung der Kreisverwaltung die Beseitigung derselben anzuordnen.

Gesetz über die Austrocknung von Sümpfen, insbesondere über die Gesundheitsmaßregeln in den Gemeinden vom 16. September 1807. Tit. VII. Art. 35—37.

§ 97. Alle die Gesundheit betreffenden Arbeiten in Städten und Gemeinden werden von der Staatsregierung angeordnet; deren Kosten fallen den betheiligten Gemeinden zur Last.

§ 98. Alles, was auf die Gesundheit betreffenden Arbeiten Bezug hat, wird durch die öffentliche Verwaltung angeordnet; sie soll bei Ausstellung der Rolle der besondern für die Ausgaben dieser Art von Arbeiten bestimmten Steuer Rücksicht auf die unmittelbaren Vortheile nehmen, welche diesem oder jenem Privateigenthum dadurch zufließen, um es zur Erleichterung der Gemeinde nach verschiedenem und durch die Umstände gerechtfertigten Maßstabe beitragen zu lassen.

§ 99. Die Ausführung der beiden vorhergehenden Artikel gehört zum Geschäftskreise der Bezirkspräsidenten und Bezirksräthe.

§ 100. Die Bestimmungen der §§ 71—95 finden hier Anwendung.

III. Die Urbarmachung der den Gemeinden gehörenden Sümpfe und öden Ländereien.

Gesetz vom 28. Juli 1860. Art. 1—5. 7—9.

§ 101. Die den Gemeinden oder Theilen der Gemeinden gehörenden Sümpfe und öden Ländereien, deren Nutzbarmachung als vortheilhaft anerkannt ist, sollen ausgetrocknet, verbessert, zur Kultur geeignet (urbar) gemacht oder als Wald angepflanzt werden.

§ 102. Wenn der Bezirkspräsident die Bestimmungen des Artikels 1. (§ 101) auf Sümpfe oder Oedungen einer

Gemeinde anwendbar erachtet, so veranlaßt er den Gemeinderath zur Beschlußfassung über:

1. den Theil der Grundstücke, welcher zum gemeinsamen Genusse vorbehalten bleiben soll;
2. die Art der Nutzbarmachung des Restes;
3. Die Frage, ob die Gemeinde aus eigenen Mitteln die Nutzbarmachung bewerkstelligen will.

Wenn es sich um Ländereien handelt, welche einem Theil einer Gemeinde gehören, so ist zuvor ein dem Artikel 3 des Gesetzes vom 18. Juli 1837 entsprechender Ausschuß (Syndikatkommission) zu vernehmen.

§ 103. Wenn der Gemeinderath sich weigert die Arbeiten zu übernehmen, oder wenn er es unterläßt, Beschluß zu fassen oder die von ihm gefaßten Beschlüsse zur Ausführung zu bringen, so wird nach Vernehmung des Bezirkstages, durch Kaiserliche Verordnung das Unternehmen als von öffentlichem Nutzen erklärt und die Art und Weise der Ausführung festgesetzt. Dieser Verordnung hat eine Verhandlung über die Nützlichkeit und ein Beschluß des Gemeinderaths unter Beiziehung der Höchstbesteuerten vorauszugehen.[1])

§ 104. Die Arbeiten sind auf die Kosten der Gemeinde oder des Theils der Gemeinde, welchem das Eigenthum zusteht, auszuführen. Wenn die nöthigen Mittel nicht aufgebracht werden können, so werden sie vom Staate vorgeschossen, welcher seine Auslagen an Hauptsummen und Zinsen durch Versteigerung eines Theiles der verbesserten Grundstücke sich zurückvergüten läßt; dieser Theil wird gegebenen Falls durch das Loos bestimmt.

§ 105. Die Gemeinden können sich von jeder Rückvergütung an den Staat dadurch befreien, daß sie ihm die Hälfte der nutzbar gemachten Ländereien zu Eigenthum überlassen. Diese Ueberlassung hat in dem auf die Vollendung der Arbeiten folgenden Jahre zu erfolgen, widrigenfalls diese Befugniß erlischt. Im Falle der Ueberlassung veräußert der Staat die ihm zugefallenen Ländereien auf die im vorhergehenden Artikel bestimmte Art.

---

[1]) Es bedarf keiner Mitwirkung der Staatsgewalt, wenn der Gemeinderath die Arbeiten auf Gemeindekosten durchführen will.

§ 106. In den in Artikel 3 (§ 103) vorgesehenen Fällen kann die Verordnung bestimmen, daß die Sümpfe oder Oedungen verpachtet werden. Diese Verpachtung erfolgt im Wege der öffentlichen Versteigerung mit der Verbindlichkeit für den Ansteigerer, die verpachteten Sümpfe oder Ländereien nutzbar zu machen. Die Pacht darf die Dauer von 27 Jahren nicht übersteigen.

§ 107. Das Gesetz vom 10. Juni 1854 über den freien Ablauf des von Drainagen herrührenden Wassers (§§ 60—62. 70. 186.-211) ist auf die in Folge des gegenwärtigen Gesetzes vorgenommenen Arbeiten anwendbar.

§ 108. Durch Verordnung werden festgesetzt:

1. Die Regeln über Ausführung und Erhaltung der Arbeiten;
2. Die Art der Bestätigung der Vorschüsse des Staates, die Maßregeln zur Sicherung der Rückvergütung für Hauptsummen und Zinsen, und die Regeln bezüglich der Ueberlassung von Ländereien an den Staat gemäß des ersten Absatzes des Artikels 5 (§ 105.)
3. Die Förmlichkeiten, welche der Veräußerung der auf Grund der vorhergehenden Artikel überlassenen Ländereien vorherzugehen haben.
4. Alle andern zur Ausführung des Gsetzes nöthigen Bestimmungen. [1])

---

[1]) Kaiserl. Decret vom 6. Februar — 15. März 1861 enthaltend die Verordnung zum Vollzug des Gesetzes vom 28. Juli 1866.

Tit. 1. Maßregeln, um die Ausführung der Arbeiten behufs Austrocknung und Nutzbarmachung der den Gemeinden und Theilen der Gemeinden gehörigen Sümpfe und Oedungen zu sichern.

Art. 1. Wenn der Bezirkspräsident die Anwendung des Art. 1 des Gesetzes vom 28. Juli 1860 gegeben erachtet, faßt er einen Beschluß, mit welchen für den Gemeinderath die Frist beginnt, um sich zu erklären:

1) Ueber den Theil der Güter, welcher zum gemeinsamen Genusse vorbehalten bleiben soll.
2) Ueber die Art der Nutzbarmachung des Restes.
3) Ueber die Frage, ob die Gemeinde diese Nutzbarmachung durch eigene Mittel bewerkstelligen will.

C. Das Vorfluthsrecht und die Verpflichtung zur Unterhaltung der natürlichen und künstlichen Gewässer nebst Deichen und Kunstbauten.

§ 109. Die Bestimmungen des § 19 finden Anwendung.

Gesetz über die Austrocknung der Sümpfe vom 16. September 1807. Art. 25—27.

Titel VI. Von der Unterhaltung der Austrocknungsarbeiten.

§ 110. Während der Dauer der Austrocknungsarbeiten sind die Kanäle, Gräben, Rinnen, Dämme und andere Arbeiten auf Kosten der Unternehmer der Austrocknung zu unterhalten und zu hüten.

Wenn es sich um Güter eines Nebenorts handelt, so setzt der Bezirkspräsident in seinem Beschlusse die Zahl der Mitglieder fest, welche den Ausschuß zur Vertretung des Nebenorts bilden sollen.

Art. 2. Wenn die nutzbar zu machenden Grundstücke einer Gemeinde gehören, so hat der Gemeinderath binnen Monatsfrist von der Zustellung des Beschlusses des Bezirkspräsidenten an Beschluß zu fassen.

Wenn die betreffenden Grundstücke einem Nebenort gehören, so hat der Ausschuß binnen Monatsfrist vom Tage seiner Zusammensetzung an sich zu äußern; wenn er dies verabsäumt, so hat es durch den Gemeinderath zu erfolgen.

Wenn der Gemeinderath es unterläßt, innerhalb eines Monats vom Empfang des Beschlusses des Bezirkspräsidenten, welcher die Frist laufen macht, oder des Beschlusses des auf obenbezeichneter Weise zusammengesetzten Ausschusses, an, oder von dem Ablauf der diesem Ausschuß gegebenen Frist an Beschluß zu fassen, so wird angenommen, daß der Gemeinderath die Ausführung der Verbesserungsarbeiten abgelehnt habe.

Art. 3. Falls die Ländereien mehreren Gemeinden gehören und deren Nutzbarmachung gemeinschaftliche Arbeiten erfordert, so ist, wenn sämmtliche Gemeinderäthe sich zur Uebernahme der Arbeiten bereit erklären, zur Ausführung derselben ein Ausschuß nach Maßgabe des Gesetzes vom 18. Juli 1837 zu bilden.

§ 111. Von der Uebernahme der Arbeiten an fällt die Unterhaltung und Bewachung den Eigenthümern, sowohl den frühern als den neuen, zur Last. Die schon ernannten Syndiken, welchen der Bezirkspräsident zwei oder

---

Falls eine oder mehrere der betheiligten Gemeinden sich weigern oder nicht Beschluß fassen, so ist gegebenen Falls nach den Bestimmungen des nachfolgenden Art. 10 zu verfahren.

Art. 4. Wenn der Gemeinderath erklärt, daß er die Nutzbarmachung der Theile der Sümpfe und Oedungen, welche dem gemeinsamen Genusse entzogen werden sollen, übernehmen will, so ist er gehalten, die Maßregeln auseinander zu setzen, welche er zu diesem Behufe treffen will, sowie die nöthigen Mittel und Wege nachzuweisen.

Der Beschluß des Gemeinderaths unterliegt der Genehmigung des Bezirkspräsidenten; die Aufbringung der Mittel findet sodann nach Maßgabe der Gesetze statt.

Tit. 2. Von der Ausführung und Unterhaltung der Arbeiten der Gemeinden oder Nebenorte.

Art. 5. In dem im vorhergehenden Artikel vorgesehenen Falle werden auf Betreiben des Bürgermeisters der Gemeinde oder des Vorstandes des Ausschusses der betheiligten Gemeinden die Voranschläge der zur Verbesserung und Nutzbarmachung nöthigen Arbeiten in den für die öffentlichen Gemeindearbeiten vorgeschrieben Formen entworfen und die Arbeiten ausgeführt.

Art. 6. Ueber jeden Entwurf findet eine Vorverhandlung statt, welche in den betheiligten Gemeinden nach Maßgabe der Ordonnanz vom 23. August 1835 oder, wenn mehrere Gemeinden an den Arbeiten betheiligt sind, der Ordonnanz vom 18. Februar 1834 eröffnet wird.

Art. 7. Der Bezirkspräsident genehmigt die Entwürfe und bestimmt die Zeit, innerhalb welcher die Arbeit begonnen und vollendet werden müssen.

Art. 8. Die Gemeindebehörde ist mit der Erhaltung der behufs Verbesserung, Austrocknung und Nutzbarmachung vorgenommenen Arbeiten unter Aufsicht und Prüfung der Verwaltungsbehörde beauftragt.

Wenn der Gemeinderath die zur jährlichen Unterhaltung nöthigen Mittel nicht bewilligt, so trifft der Bezirkspräsident dadurch Vorsorge, daß er den nöthigen Credit gemäß Art. 39 des Gesetzes vom 18. Juli 1837 von Amtswegen in das Budget einstellt.

Tit. 3. Von der Erhaltung der durch den Staat vorgenommenen Arbeiten und den Maßregeln, um die von ihm gemachten Vorschüsse zu constatiren und deren Rückersatz zu sichern.

Art. 9. Falls der Gemeinderath sich weigert oder keinen

vier aus der Zahl der neuen Eigenthümer beiordnen kann, legen dem Bezirkspräsidenten den Entwurf einer Ordnung vor, welche die Art und Größe der zur Bestreitung der Kosten erforderlichen Beiträge enthält.

Beschluß faßt, sowie wenn er den von ihm gefaßten Beschluß nicht ausführt oder die begonnenen Arbeiten nicht weiter fortführt, so werden die Entwürfe zur Austrocknung der Sümpfe oder Verbesserung der Oedungen, deren Austrocknung oder Nutzbarmachung von dem Bezirkspräsidenten als nöthig erachtet wurde, auf Veranlassung des Oberpräsidenten aufgestellt oder geprüft.

Jeder Entwurf wird in den betheiligten Gemeinden einer Vorverhandlung nach Maßgabe des vorhergehenden Art. 6 unterstellt.

Der Gemeinderath wird aufgefordert unter Zuziehung der Höchstbesteuerten darüber Beschluß zu fassen.

Art. 10. Eine nach Vernehmung des Bezirkstags erlassene Kaiserl. Verordnung erklärt gegebenen Falls die Arbeiten als nützlich und verordnet entweder deren Ausführung durch den Staat oder die Verpachtung der Ländereien mit der Auflage sie nutzbar zu machen.

Art. 11. Wenn die den Gemeinden gehörigen Sümpfe nur durch eine Arbeit, welche zugleich im Eigenthum von Privaten stehende Sümpfe in sich begreift, ausgetrocknet werden können, so sind gleichzeitig mit der Aufforderung, durch welche für die Gemeinden die Frist zu laufen beginnt, die Eigenthümer dieser Sümpfe zur Erklärung zu veranlassen, ob sie in die Austrocknung einwilligen und sich den Bestimmungen des Gesetzes vom 28. Juli 1860 unterwerfen.

Wenn sie einwilligen, so trifft die im vorhergehenden Artikel vorgesehene Verordnung Bestimmung über die ganze Arbeit.

Art. 12. Wenn gemäß Art. 10 die Verbesserung und Nutzbarmachung auf dem Wege der Verpachtung ausgeführt wird, so findet die Versteigerung in Gegenwart der Einnehmer der betheiligten Gemeinden und nach den für die Gemeindegüter bestehenden Vorschriften statt. Der Unternehmer verpflichtet sich, die für die Nutzbarmachung genehmigten Entwürfe nach Maßgabe des Bedingnißhefts, welches von dem Bezirkspräsidenten auf das Gutachten der Ingenieure hin entworfen wird, auszuführen.

Art. 13. Wenn die Arbeiten durch den Staat ausgeführt werden, sind die bei den öffentlichen Arbeiten gebräuchlichen Formen zu beachten.

Die Kostenverzeichnisse werden nach den Regeln für die Verrechnung der öffentlichen Arbeiten aufgestellt.

Dasselbe gilt von den jährlichen Unterhaltungs-Voran-

Die Kommission gibt ihr Gutachten über den Entwurf ab und legt ihn dem Oberpräsidenten vor; sie beantragt ferner die Errichtung einer aus Eigenthümern zusammengesetzten Verwaltung, welcher die Ausführung der

schlägen. Wenn die Arbeiten mehrere Gemeinden betreffen, so erfolgt die Vertheilung der Ausgaben nach Maßgabe des Art. 72 des Gesetzes vom 18. Juli 1837.

Art. 14. Jedes Jahr wird den Gemeinden und Nebenorten eine Ausfertigung der Rechnung zugestellt, welche den Stand der für Rechnung derselben gemachten Ausgaben darlegt.

Nach Vollendung der Arbeiten wird eine Hauptrechnung der Ausgaben durch den Oberpräsidenten aufgestellt; den betheiligten Gemeinden und Nebenorten wird Abschrift zugestellt.

Die den Betrag dieser Rechnung bildenden Hauptsummen tragen von Rechtswegen Zinsen zu 5% von Vollendung der Arbeiten an.

Art. 15. Die vom Staat ausgeführten Arbeiten werden durch die Behörden des Staats unterhalten.

Die hiezu gemachten Vorschüsse, welche jedes Jahr durch den Oberpräsidenten festgesetzt werden, tragen ebenfalls einfachen Zins von jährlich 5%.

Abschrift dieser Rechnung wird den betheiligten Gemeinden und Nebenorten nebst dem Etat der früheren Ausgaben zugestellt.

Art. 16. Wenn binnen 6 Monaten von der Zustellung der Jahresrechnungen der Ausgaben für Herstellung und Unterhaltung der Arbeiten die Gemeinde oder der Nebenort nicht Berufung zum Bezirksrath ergriffen hat, können die Rechnungen nicht weiter angefochten werden.

Art. 17. Nach Vollendung der Arbeiten werden die Ländereien den Gemeinden überwiesen, um nach Maßgabe des obenstehenden Art. 8 unterhalten zu werden. Jede Gemeinde wird unter Hinweisung auf den Beginn des Fristenlaufs zur Erklärung darüber aufgefordert, ob sie von der durch Art. 3 des Gesetzes vom 28. Juli 1860 ihr eingeräumten Befugniß Gebrauch machen und von jeder Rückvergütung an den Staat sich dadurch befreien will, daß sie ihm die Hälfte der nutzbar gemachten Ländereien überläßt, oder ob sie die Vorschüsse des Staates in Geld zurückersetzen will.

Art. 18. Wenn die Gemeinde für Ueberlassung der Hälfte der nutzbar gemachten Ländereien sich entschieden hat, so entwirft ein von dem Bürgermeister gewählter Sachverständiger unter Mitwirkung eines Vertreters der Domänenverwaltung einen Theilungsplan mit 2 dem Werth nach ganz gleichen Loosen, welche in dem Jahr nach Vollendung der Arbeiten gezogen werden. Diese Ziehung findet vor dem Kreisdirector statt.

Wenn ein Theil der Arbeiten durch die Gemeinde ausge-

Arbeiten zukommt; über das Ganze wird im Kaiserlichen Rath entschieden.[2])

§ 112. Die Unterhaltung der Austrocknungsarbeiten, sowie der Dämme gegen Gießbäche, Flüsse und Ströme

[2]) Vgl. § 138. 139 und 150.

führt wurde, so wird bei der Theilung der dem Staate zukommende Theil entsprechend verkleinert.

Art. 19. Wenn die Gemeinde erklärt, dem Staate den Betrag seiner Vorschüsse zurückvergüten zu wollen, so muß sie die nöthigen Mittel nachweisen und dem Staate wie Rechtens überweisen.

Tit. 4. Förmlichkeit vor dem Verkauf der zu veräußernden Ländereien.

Art. 20. Wenn die Gemeinde die in Art. 5 des Gesetzes vom 28. Juli 1860 vorgesehene Ueberweisung in dem Jahre nach Vollendung der Arbeiten unterläßt oder in derselben Frist dem Staate den Betrag seiner Vorschüsse nicht zurückerstattet, so betreibt die Verwaltung in der in Art. 4 des Gesetzes vom 28. Juli 1860 vorgesehenen Form den Verkauf des Theils der nutzbar gemachten Ländereien, welcher nöthig ist, um dem Staat an Hauptsumme und Zinsen seine Auslagen zu vergüten.

Der Bezirkspräsident ernennt einen Sachverständigen, um die Looseintheilung und das Bedingnißheft für den Verkauf dieser Loose zu entwerfen.

Der Entwurf des Sachverständigen wird dem Gemeinderath zur Abgabe seiner Erklärung mitgetheilt.

Sobald die Looseintheilung von dem Bezirkspräsidenten genehmigt ist, wird zum öffentlichen Verkauf dieser Ländereien geschritten. Der Verkauf erfolgt auf Betreiben der Domänenverwaltung in Gegenwart der Gemeinde-Einnehmer der betheiligten Gemeinden und bis zum Belauf der Forderung des Staats.

Der Kaufpreis wird durch die Domänen-Verwaltung erhoben; wenn jedoch der Verkauf die Vorschüsse des Staats übersteigt, so wird dieser Mehrbetrag durch die Gemeinde-Einnehmer erhoben.

Tit. 5. Verschiedene Bestimmungen.

Art. 21. Vor der Verbesserung und Austrocknung der den Gemeinden gehörigen Sümpfe und Oedungen wird zur Grenzbestimmung und nöthigenfalls zur Vermarkung dieser Sümpfe und Oedungen geschritten.

Art. 22. Ein von dem Bezirkspräsidenten ernannter Sachverständiger hat sich an Ort und Stelle zu begeben, um auf diese Sümpfe und Oedungen die Mutterrollen und Katasterpläne und die von den Gemeinden oder benachbarten Eigenthümer produzirten Titel anzuwenden.

und an den Ufern der Seen und des Meeres ist der Staatsverwaltung überwiesen. Alle Ausbesserungen und Beschädigungen sollen auf dem Verwaltungswege, wie die Gegenstände des großen Straßenwesens erledigt werden. Die strafbaren Handlungen sind auf dem gewöhnlichen Wege nach Verschiedenheit der Fälle vor den Zuchtpolizeigerichten oder den Kriminalgerichten zu verfolgen.

§ 113. Die Bestimmungen der §§ 71—95 finden Anwendung.

Gesetz über Räumung der Privatflüsse und Unterhaltung der dazu gehörigen Deiche vom 4. Mai 1803. Art. 1—4.[3])

§ 114. Für die Räumung der nicht schiffbaren Kanäle und Flüsse und für die Unterhaltung der dazu gehörigen Deiche und Kunstbauten, ist in der durch die älteren Ordnungen oder durch die Ortsgewohnheiten vorgeschriebenen Weise zu sorgen.

§ 115. Wenn die Anwendung der Ordnungen oder

Art. 23. Die Vornahme der Ortsbesichtigung wird mindestens 14 Tage vorher durch Anschläge an den Thüren der Kirchen und der Gemeindehäuser öffentlich bekannt gemacht.

Die Ergebnisse der Besichtigung werden jedem Eigenthümer der an das Gemeinde-Eigenthum grenzenden Grundstücke durch besondere Zustellung mit der Aufforderung bekannt gemacht, seine Gegenbemerkungen zu machen.

Art. 24. Die Arbeit des Sachverständigen und die Bemerkungen der betheiligten Parteien werden den Gemeinderäthen oder den Ausschüssen der Nebenorte zur Beschlußfassung mitgetheilt und nebst den Gutachten dieser Räthe oder Ausschüsse dem Bezirkspräsidenten eingesendet.

Art. 25. Wenn die Gemeinden und benachbarten Grundeigenthümer einig sind, wird die Vermarkung auf gütlichem Wege vorgenommen.

Entgegengesetzten Falls wird die Gemeinde ermächtigt, nach Maßgabe der Gesetze bei Gericht zu klagen oder mit den benachbarten Grundeigenthümern einen Vergleich einzugehen.

Art. 26. Nach Bedarf können besondere Hüter aufgestellt werden, um die Unterhaltung der nach Maßgabe des Gesetzes vom 28. Juli 1860 ausgeführten Arbeiten zu überwachen; ihr Gehalt wird zu den Kosten der Arbeit gerechnet.

Huber S. 303—313. Vgl. Minist.-Erl. v. 24/V. 1861.

[3]) Vgl. § 122 Ziff. 2.

Ortsgewohnheiten Schwierigkeiten findet oder eingetretene Veränderungen neue Anordnungen erforderlich machen, so hat dafür die Staatsregierung im Verordnungswege zu sorgen. Die Verordnung wird auf Vorschlag des Bezirks-präsidenten erlassen, dergestalt, daß der auf jeden Beitrags-pflichtigen treffende Antheil an der Umlage stets dem Grade des Interesses entspricht, welches er an der Ausführung der Arbeiten hat.

§ 116. Die Rollen über die Vertheilung der zur Bezahlung der Unterhaltungs-, Ausbesserungs- und Wiederherstellungs-Arbeiten erforderlichen Summen, werden unter Aufsicht des Bezirks-Präsidenten aufgestellt, von diesem für vollziehbar erklärt, und die Einziehung der darin ausgeschriebenen Beiträge erfolgt in derselben Weise wie die der öffentlichen Steuern.

§ 117. Alle Streitigkeiten in Bezug auf die Einziehung der in den Rollen ausgebrachten Beiträge, sowie in Bezug auf die Einsprüche der einzelnen Beitragspflichtigen und auf die Ausführung der Arbeiten gehören vor den Bezirksrath, vorbehaltlich der Berufung an die Staatsregierung, welche im Kaiserl. Rath entscheidet.

Gesetz über Entwässerung vom 17. Juli 1856. Art. 9.

§ 118. Wenn ein Drainage-Unternehmen die nach Maßgabe des Gesetzes vom 4. Mai 1803 (§§ 114—117) geregelten Ausgaben für einen Wasserlauf erschwert, so sind die drainirten Grundstücke als bei der Räumung interessirt anzusehen und werden jenem Gesetz entsprechend besteuert.

Gesetz vom II./V. 1877 über die Abänderung der Gesetzgebung hinsichtlich des Wasserrechts § 5.

§ 119. Die Bestimmung des § 151 kommt hier in Anwendung.

D. Die wirthschaftliche Zusammenlegung der Grundstücke.

§ 120. Die Bestimmungen der §§ 122 Ziff. 8. 131 und 143 finden Anwendung.

Gesetz über Abänderung der Gesetzgebung hinsichtlich des Wasserrechts vom 11. Mai 1877. § 6.

§ 121. Die Vorschrift des Gesetzes vom 6. October 1791, betreffend die ländlichen Güter und Gewohnheiten und die ländliche Polizei, Tit. I. Abschn. 4. Art. 9, nach welcher die künstlichen Wiesen — prairies artificielles — von der Gemeinde und Stoppelhütung — parcours et vaine pature — gänzlich frei sind, wird hiermit dahin declarirt, daß unter künstlichen Wiesen auch alle mit Berieselungs- oder Drainage-Anlagen versehenen Grundstücke zu verstehen sind.

E. Die Syndikat-Genossenschaft.

Gesetz vom 21. Juni 1865 über die Syndikat-Genossenschaft. Art. 1—9.

Tit. I. Von der Syndikat-Genossenschaft.

§ 122. Gegenstand einer Syndikat-Genossenschaft unter den betheiligten Eigenthümern kann die Ausführung und Unterhaltung folgender Arbeiten sein:

1. Schutz gegen das Meer, Ströme, schiffbare oder nicht schiffbare Flüsse und Gießbäche;
2. Reinigung, Vertiefung, Geradelegung und Regulirung von nicht schiffbaren und nicht flößbaren Kanälen und Wasserläufen und von Bewässerungs- und Entwässerungs-Kanälen;
3. Austrocknung der Sümpfe;
4. Salzgewinnungsgruben und die Arbeiten zur Ausbeutung salzhaltiger Sümpfe.
5. Verbesserung feuchter und ungesunder Ländereien;
6. Bewässerung und Auffüllungs-Anlagen; [1])
7. Drainage.[2])
8. Privat-Feldwege und jede andere landwirthschaftliche Verbesserung, welche den Charakter eines Gesammtinteresses an sich trägt.

---

[1]) Aufschlickung, Aufschlammung oder Schlammberieselung.
[2]) Entwässerung.

§ 123. Die Syndikat-Genossenschaften sind freie oder ermächtigte.

§ 124. Sie können durch ihre Syndiken vor Gericht auftreten, erwerben, verkaufen, tauschen, Vergleiche eingehen, Anleihen aufnehmen und Hypotheken bestellen.[1])

§ 125. Der Beitritt zu einer Syndikat-Genossenschaft wird giltig durch Vormünder, einstweilen in den Besitz Eingewiesene und jeden gesetzlichen Vertreter für die Güter der Minderjährigen, Entmündigten, Abwesenden und anderer Unfähigen nach erfolgter Ermächtigung des zuständigen Landgerichts, welche auf einfache Bittschrift in der Rathskammer nach Vernehmung der Staatsanwaltschaft ertheilt wird, erklärt. Diese Bestimmung ist auf Dotal-Grundstücke und Majorate anwendbar.

Tit. II. Von den freien Syndikat-Genossenschaften.

§ 126. Die freien Syndikat-Genossenschaften bilden sich ohne Mitwirkung der Staats-Verwaltung. Die Einstimmigkeit der Genossen muß schriftlich bestätigt werden.

Der Genossenschaftsakt gibt den Zweck des Unternehmens an; er regelt die Art der Verwaltung der Genossenschaft und bestimmt die Grenzen des den Verwaltern oder Syndiken übertragenen Auftrags; er setzt die Wege und Mittel fest, um die nöthigen Ausgaben zu bestreiten, und die Art der Vertheilung bzw. Erhebung der Beiträge.[2])

§ 127. Ein Auszug des Genossenschaftsakts muß binnen Monatsfrist, von seinem Datum an, in einer im Kreise erscheinenden für die gesetzlichen Anzeigen bestimmten Zeitung, oder falls solche nicht besteht, in einer im Bezirke erscheinenden Zeitung bekannt gemacht werden. Er ist außerdem dem Bezirkspräsidenten zuzustellen und in das Bezirksamtsblatt einzurücken.

§ 128. Bei Unterlassung der Bekanntmachung in einer für die gesetzlichen Anzeigen bestimmten Zeitung genießt die Genossenschaft nicht die Wohlthat des Artikels 3 (§ 124). Die Unterlassung dieser Förmlichkeit kann von

[1]) Die Syndikat-Genossenschaften besitzen also die Rechtspersönlichkeit und können deßhalb von ihren Syndiken Rechtshandlungen vornehmen und giltig vertreten.

[2]) Die Einstimmigkeit ist durch Notariatsakt oder durch Akt unter Privatunterschrift festzustellen. Circ. v. 12/VIII. 1865.

den Genossenschaften Dritten gegenüber nicht geltend gemacht werden.

§ 129. Die freien Syndikat-Genossenschaften können, sofern nicht im Genossenschaftsakt entgegenstehende Bestimmungen enthalten sind, auf Grund eines von der General-Versammlung gemäß dem Artikel 12 (§ 134) gefaßten Beschlusses durch Verfügung des Bezirkspräsidenten in ermächtigte Genossenschaften umgewandelt werden.[1])

Von da an genießen sie die diesen Genossenschaften durch die Artikel 15, 16, 17, 18 und 19 (§§ 138—142) eingeräumten Vortheile.

Tit. III. Von den ermächtigten Syndikat-Genossenschaften.

§ 130. Die Eigenthümer, welche an der Ausführung der in Nr. 1, 2, 3, 4 und 5 des Artikels 1 (§ 122) aufgeführten Arbeiten Interesse haben, können durch Beschluß des Bezirkspräsidenten, auf das Ansuchen eines oder mehrerer derselben oder durch die Anregung des Bezirkspräsidenten, in eine ermächtigte Genossenschaft vereinigt werden.

Gesetz vom 11/V. 1877 über Abänderung der Gesetzgebung hinsichtlich des Wasserrechts. § 1.

§ 131. Eigenthümer, welche an der Ausführung der unter den Ziffern 6 und 7 im Artikel 1 des Gesetzes über die Syndikat-Genossenschaften vom 21. Juni 1865 (§ 122) bezeichneten Arbeiten ein Interesse haben, können durch Beschluß der Bezirkspräsidenten zu ermächtigten Genossenschaften, nach den Bestimmungen des genannten Gesetzes vereinigt werden. Arbeiten, welche unter der Rubrik der Ziffer 8 am angeführten Ort zu begreifen sind, stehen, sofern sie in Verbindung mit einer der unter Ziffer 1—7 bezeichneten Genossenschafts-Unternehmungen vorkommen, unter denselben Rechten wie diese.

Gesetz vom 21. Juni 1865. § 10—12.

§ 132. Der Bezirkspräsident unterwirft die Pläne, Entwürfe und Voranschläge der Arbeiten, sowie den Entwurf des Genossenschaftakts einer verwaltungsseitigen Unter-

[1]) Streitigkeiten hierüber gehören vor die Gerichte.

suchung (Enquête), deren Förmlichkeiten durch Kaiserl. Verordnung bestimmt werden.

Der Plan gibt die Umfassungslinie der betheiligten Grundstücke an und ist von einem Verzeichniß der Eigenthümer der einzelnen Parzellen zu begleiten.

Der Entwurf des Genossenschaftsakts gibt den Zweck des Unternehmens an und bestimmt die zur Bestreitung der Kosten nöthigen Mittel und Wege.[1])

---

[1]) Kaiserl. Decret vom 17. November 1865 betr. die Vorschriften zum Vollzug des Art. 10 des Gesetzes vom 21. Juni 1865.

Art. 1. Wenn Anlaß gegeben ist in Anwendung des Art. 10 des Gesetzes vom 21. Juni 1865 über die Syndical-Associationen eine Vorverhandlung über ein Unternehmen zur landwirthschaftlichen Verbesserung und über einen Genossenschaftsentwurf zu eröffnen, so erläßt der Bezirkspräsident einen Beschluß, um diese Vorverhandlung anzuordnen.

Art. 2. Der Entwurf der Genossenschaft hat festzusetzen:

1) Das Minimum der Grundfläche oder das Interesse, welches jedem Eigenthümer das Recht der Theilnahme an der Generalversammlung der Betheiligten verleiht;
2) Das Maximum der einem und demselben Grund-Eigenthümer sowie jedem Triebwerksbesitzer zukommenden Stimmen, dann das Maximum der Stimmen der vereinigten Triebwerksbesitzer;
3) Die Grundlagen der Vertheilung der Kosten des Unternehmens;
4) Die Zahl der zu ernennenden Syndiken, deren Vertheilung gegebenen Falls unter die verschiedenen Klassen der Berechtigten sowie die Dauer der Verrichtungen derselben.

Art. 3. Der Genossenschaftsentwurf und die von Amtswegen auf Anordnung des Bezirkspräsidenten oder auf Veranlassung der Betheiligten aufgestellten Pläne und Voranschläge der Arbeiten werden auf der Bürgermeisterei der Gemeinde, auf deren Bann die Arbeiten stattfinden sollen, hinterlegt. Wenn die Arbeiten sich auf mehrere Gemeinden erstrecken, so bezeichnet der Bezirkspräsident die Gemeinde, in welcher die Hinterlegung stattfinden soll.

Art. 4. Sofort nach dem Empfang des die Eröffnung der Vorverhandlung anordnenden Beschlusses des Bezirkspräsidenten ist die Hinterlegung der Actenstücke durch Trompeten oder Trommelklang bekannt zu machen und eine Anzeige mit den durch das Gesetz geforderten Angaben an der Thüre des Gemeindehauses

§ 133. Nach stattgehabter Untersuchung (Enquête) beruft der Bezirkspräsident die Eigenthümer, welche voraussichtlich von dem Unternehmen Vortheil ziehen werden, zu einer General-Versammlung; er ernennt den Vorsitzenden derselben ohne an die Wahl eines Mitglieds der Versammlung ge-

---

und an einem in die Augen fallenden Orte in der Nähe oder am Eingang der Kirche anzuheften.

Art. 5. Außer diesen Bekanntmachungen ist jeder Eigenthümer von in der Umfassungslinie liegenden Grundstücken auf dem administrativen Wege von der Hinterlegung der Actenstücke in Kenntniß zu setzen; die Urschrift dieser Benachrichtigung ist aufzubewahren; im Falle der Abwesenheit der Eigenthümer hat die Benachrichtigung an deren Vertreter oder Pächter oder Theilpächter zu erfolgen; in Ermangelung von Vertretern oder Pächtern ist die Benachrichtigung auf der Bürgermeisterei zu belassen.

In der Zustellung sind die Eigenthümer aufzufordern in den nachbezeichneten Fristen und Formen zu erklären, ob sie dem Unternehmen beitreten wollen.

Diese Zustellungen haben spätestens 5 Tage nach dem Beginn der Vorverhandlung stattzufinden.

Art. 6. Während 20 Tage von dem Beginn der Vorverhandlung an hat auf jeder der betheiligten Bürgermeistereien ein Verzeichniß aufzuliegen, um die Bemerkungen der in der Umfassungslinie enthaltenen Eigenthümer sowie aller sonstigen Betheiligten einzutragen.

Art. 7. Der Bezirkspräsident bezeichnet in dem die Eröffnung der Vorverhandlung anordnenden Beschlusse einen Commissär, welcher aus der Zahl der angesehenen Eigenthümer, Landwirthe oder Industriellen, aus den Mitgliedern des Bezirkstags oder aus den Friedensrichtern der durch das Unternehmen berührten Kantone auszuwählen ist. Dieser Commissär darf kein persönliches Interesse an dem Unternehmen haben.

Art. 8. Nach Beendigung der Vorverhandlung, deren richtige Ausführung durch den Bürgermeister einer jeden Gemeinde zu bestätigen ist, nimmt der Commissär während dreien aufeinander folgenden Tagen auf dem Bürgermeisteramt der vom Bezirkspräsidenten bezeichneten Gemeinde und zu den von ihm abgegebenen Stunden die Erklärungen der Betheiligten über die Nützlichkeit des in Frage stehenden Unternehmens entgegen.

Nachdem der Commissär das Register dieser Erklärungen geschlossen und unterzeichnet hat, übersendet er es mit seinem motivirten Gutachten und den übrigen Actenstücken, welche der Vorverhandlung als Grundlage dienten, unmittelbar dem Bezirkspräsidenten.

Huber S. 329—332.

bunden zu sein. Ueber die Anwesenheit der Betheiligten und das Ergebniß der Beschlußfassung wird ein Protokoll aufgenommen. Es wird von den Anwesenden unterzeichnet und erwähnt die Zustimmung derer, welche nicht unterzeichnen können.

Der Akt über die schriftliche Zustimmung derer, welche sie auf diesem Wege eingesendet haben, wird im Protokolle erwähnt und demselben beigeheftet. Das Protokoll wird dem Bezirkspräsidenten übergeben.

§ 134. Wenn eine Mehrheit der Betheiligten, welche mindestens zwei Drittel der Grundfläche vertritt, oder zwei Drittel der Betheiligten, welche mehr als die Hälfte der Grundfläche vertreten, ihre Zustimmung gegeben haben, so ermächtigt der Bezirkspräsident, falls kein Hinderniß entgegensteht, die Genossenschaft.

Ein Auszug aus dem Genossenschaftsakt und der Beschluß des Bezirkspräsidenten, im Falle der Ertheilung der Ermächtigung, und der Beschluß des Bezirkspräsidenten, im Falle der Verweigerung, wird in den Gemeinden, in welchen die Grundstücke liegen, angeheftet und in das Bezirksamtsblatt eingerückt.

Gesetz vom 11/V. 1877. § 2.

§ 135. Artikel 12, Absatz 1 des Gesetzes vom 21. Juni 1865 (§ 134) erhält folgenden Zusatz:

Die Nichterscheinenden und Nichtabstimmenden werden als dem beantragten Unternehmen beistimmend angesehen.

Diese Rechtswirkung ist in der Ladung zur Generalversammlung auszusprechen.

Gesetz vom 21. Juni 1865. Art. 13—19.

§ 136. Die betheiligten Eigenthümer, sowie Dritte können gegen diesen Beschluß binnen Monatsfrist von dem Tage des Anschlags an Berufung an den Oberpräsidenten einlegen. Die Berufungsschrift wird bei der Bezirksverwaltung eingereicht und mit den Akten binnen 14 Tagen dem Oberpräsidenten vorgelegt.

Die Entscheidung erfolgt durch im Kaiserlichen Rath erlassenes Dekret.

§ 137. Wenn es sich von den in Nr. 3, 4 und 5 des Artikel 1 (§ 122) aufgezählten Arbeiten handelt, so können die Eigenthümer, welche dem Genossenschafts-Entwurf nicht zugestimmt haben, in der oben bestimmten Frist von einem Monat auf der Bezirksverwaltung die Erklärung abgeben, daß sie bereit sind, gegen Entschädigung die ihnen gehörenden in der Umfassungslinie liegenden Grundstücke abzutreten. Ueber diese Erklärung wird ihnen Bescheinigung ertheilt. Die der Genossenschaft zur Last fallende Entschädigung wird nach Artikel 16 des Gesetzes vom 21. Mai 1836 (§ 153) festgestellt.

§ 138. Die Taxen oder Beiträge werden nach den Rollen erhoben, welche von dem mit der Verwaltung der Genossenschaft betrauten Syndikat aufgestellt und von dem Bezirkspräsidenten geprüft, genehmigt und in Vollzug gesetzt werden. Die Eintreibung erfolgt in derselben Weise wie bei den direkten Steuern.[1])

§ 139. Die Streitigkeiten über Festsetzung der Umfassungslinie der zur Genossenschaft gehörenden Grundstücke, über Eintheilung der Grundstücke in verschiedene Klassen, über Ordnung der Grundstücke nach Maßgabe des Interesses an den Arbeiten, über Vertheilung und Erhebung der Beiträge und über die Ausführung der Arbeiten, werden von dem Bezirksrath vorbehaltlich der Berufung an den Kaiserl. Rath entschieden.

Der Rechnungsabschluß der Genossenschaft erfolgt nach den für die Rechnungen der Gemeindeeinnehmer bestehenden Vorschriften.

§ 140. Kein in der Genossenschaft befindlicher Eigenthümer kann nach Ablauf von 4 Monaten von Zustellung der ersten Beitragsrolle an seine Eigenschaft als Genossenschafter oder die Giltigkeit der Genossenschaft bestreiten.

§ 141. Wenn die Ausführung der von einer ermächtigten Syndikat-Genossenschaft unternommenen Arbeiten die Zwangs-Enteignung von Grundeigenthum nothwendig macht, so ist nach den Bestimmungen des Artikel 16 des Gesetzes vom 21. Mai 1836 (§ 153) zu verfahren, nachdem die öffentliche Nützlichkeit durch im Kaiserl. Rath erlassenes Dekret erklärt worden ist.[2])

§ 142. Wenn es nothwendig wird, zum Vortheil der

[1]) Vgl. § 116 und Circ. v. 12/VIII. 1865. Die Genossenschaft kann ihren Rechner selbst wählen oder diese Verrichtungen dem Steuerempfänger übertragen.

[2]) Vgl. Art. 8. 9 und 10 d. G. v. 3/V. 1841.

Syndikat-Genossenschaften Dienstbarkeiten nach Maßgabe der Gesetze zu errichten, so werden die Streitigkeiten nach Maßgabe der Bestimmungen des Artikel 5 des Gesetzes vom 10. Juni 1854, jetzt § 4 des Gesetzes vom 11/V. 1877 (§ 186) entschieden.[1])

Gesetz vom 11/V. 1877. § 3.

§ 143. Wenn bei Durchführung einer der Unternehmungen, für welche sich ermächtigte Genossenschaften bilden können, ein Austausch von Grundstücken verschiedener Eigenthümer stattfindet, so kann im Tauschvertrage zugleich der Uebergang der auf den Grundstücken lastenden Vorzugs-, Pfand-, Nutznießungs- und Pachtrechte vereinbart werden. Den betheiligten Realberechtigten steht ein Widerspruchsrecht gegen diese Vereinbarung nur dann zu, wenn das in Tausch empfangene Grundstück, auf welches die Verpflichtungen zu übernehmen sind, nach pflichtmäßiger Abschätzung durch drei Sachverständige von geringerem Werthe ist, als das dafür gegebene. Je ein Sachverständiger wird von den Realberechtigten und dem Genossenschaftsvorstande ernannt. Der Dritte von dem Friedensrichter der belegten Sache. Weigert sich der Realberechtigte einen Sachverständigen zu bezeichnen, so steht dem Friedensrichter auf Antrag des Genossenschaftsvorstandes nach Ablauf von drei Tagen, von erfolgter Aufforderung an gerechnet, auch die Ernennung dieses Sachverständigen zu.

Die Berichtigung der Hypothekenbücher erfolgt nöthigenfalls nach Anleitung der Artikel 2159, 2161 des bürgerlichen Gesetzbuches.[2])

---

[1] Es sind demnach von diesen Dienstbarkeiten die Häuser und mit Wohnungen zusammenhängende Höfe, Gärten, Parke und Einfriedungen ausgenommen.

[2]) Art. 2159. Ist die Ausstreichung nicht verwilligt worden, so wird hierauf bei dem Gerichte geklagt, in dessen Amtsbezirke die Eintragung geschehen ist; ausgenommen, wenn die Eintragung zur Sicherheit einer von einem künftigen Ereignisse abhangenden oder unbestimmten Verurtheilung geschehen ist, über deren Vollstreckung oder Liquidation der Schuldner und der angebliche Gläubiger bei einem anderen Gerichte in Prozeß sind, oder deßhalb unter dessen Gerichtsbarkeit stehen. In einem solchen Falle muß die Klage auf Ausstreichung der Hypothek bei eben diesem Gerichte angebracht, oder dahin verwiesen werden. — Eine zwischen dem Gläubiger und Schuldner getroffene Uebereinkunft, daß im Falle eines Streites die Klage bei einem anderen,

Die Vertrags- und Gerichtsverhandlungen, Transscriptionen, Einschreibungen und Löschungen in den Hypothekenbüchern sind frei von Staatskosten.

Gesetz vom 21. Juni 1865. Art. 20—26.

Titel IV. Von der Vertretung des Eigenthums in den Generalversammlungen. Von den Syndiken.

§ 144. Der Gründungsakt einer jeden Genossenschaft setzt das Minimum des Interesses fest, welches jedem Eigenthümer das Recht gibt, an der Generalversammlung Antheil zu nehmen.

Die Eigenthümer der Parzellen, welche kleiner als das festgesetzte Minimum sind, können sich vereinigen, um sich in der Generalversammlung durch einen oder mehrere aus ihrer Mitte, je nach der Zahl, in welcher das Minimum des Interesses in ihren vereinigten Parzellen enthalten ist, vertreten zu lassen.

Der Genossenschaftsakt bestimmt das Maximum der Stimmen, welche einem und demselben Eigenthümer zukommen, ebenso wie die Zahl der Stimmen, welche jedem Triebwerk, nach Maßgabe seiner Bedeutung, und die Zahl der Stimmen, welche den vereinigten Triebwerksbesitzern zustehen.

§ 145. Die Zahl der Syndiken und gegebenen Falls ihre Vertheilung auf die verschiedenen Klassen der Betheiligten, sowie die Dauer ihrer Wirksamkeit, werden durch den Gründungsakt der Genossenschaft festgesetzt.

---

von ihnen bestimmten Gerichte angebracht werden soll, ist gleichwohl unter ihnen in Vollziehung zu setzen.

Art. 2161. So oft ein Gläubiger, der nach dem Gesetze berechtigt ist, seine Hypothek auf die gegenwärtigen, oder auf die künftigen Güter eines Schuldners eintragen zu lassen, ohne daß er in einem Vertrage in eine Beschränkung gewilligt hat, auf verschiedene Güter, und zwar auf mehrere als zur Sicherheit der Forderungen nothwendig ist, die Eintragung erwirkt hat, hat der Schuldner das Recht, auf Reduction der Eintragungen oder auf Ausstreichung eines Theils derselben, insoweit das billige Verhältniß dabei überschritten worden ist, zu klagen. Man befolgt hierbei die in Beziehung auf die Zuständigkeit im Art. 2159 festgestellten Regeln. — Die Verfügung des gegenwärtigen Artikels ist auf vertragsmäßige Hypotheken nicht anwendbar.

§ 146. Die Syndiken werden durch die Generalversammlung aus der Zahl der Betheiligten erwählt.

Wenn die Syndiken aus verschiedenen Klassen genommen werden müssen, so wird die Wahlliste dieser Klassen in entsprechende Abtheilungen eingetheilt.

Wenn nach zweimaliger Zusammenberufung die Generalversammlung nicht zusammengekommen oder nicht zur Wahl der Syndiken geschritten ist, so werden die Syndiken durch den Bezirkspräsidenten ernannt.

§ 147. Wenn Seitens des Staats, des Bezirks oder einer Gemeinde auf Ansuchen des Syndikats eine Unterstützung bewilligt wurde, so gibt diese Unterstützung dem Bezirkspräsidenten das Recht zur Ernennung einer Anzahl Syndiken, welche dem Theil entspricht, welchen die Unterstützung im Verhältniß zur ganzen Unternehmung darstellt.[1])

§ 148. Die Syndiken erwählen einen aus ihrer Mitte, welcher die Wirksamkeit des Vorstehers versieht, sowie nöthigenfalls einen Beigeordneten, welcher den Vorsteher im Fall der Abwesenheit oder Verhinderung ersetzt. Der Vorsteher und der Beigeordnete sind stets wieder wählbar.

Titel V. Allgemeine Bestimmungen.

§ 149. Wenn eine Genossenschaft die Ausführung der Arbeiten unterläßt, für welche sie ermächtigt worden war, so kann der Bezirkspräsident, nachdem er sie in Verzug gesetzt hat, die Ermächtigung zurücknehmen.

Die Entscheidung erfolgt durch im Kaiserl. Rath erlassenes Dekret, wenn die Ermächtigung in dieser Form ertheilt worden war.

Wenn die von einer Genossenschaft unternommenen Arbeiten unterbrochen oder nicht gehörig unterhalten werden und daraus schädliche Folgen für das allgemeine Wohl zu befürchten sind, so kann der Bezirkspräsident, nachdem er die Genossenschaft in Verzug gesetzt hat, von Amtswegen die Arbeiten ausführen lassen, welche nothwendig sind, um diese Folgen abzuwenden.

§ 150. In Ermangelung der Bildung freier oder ermächtigter Genossenschaften sollen die Gesetze vom 16. September 1807 und vom 4. Mai 1803 (§§ 71 rc. und 114 rc.) zur Anwendung kommen, wenn es sich um die

[1]) Circ. 12/VIII. 1865.

in Nr. 1, 2 und 3 des Artikel 1 des gegenwärtigen Gesetzes (§ 122) aufgeführten Arbeiten handelt.

Ueber die Streitigkeiten, welche nach dem Gesetze vom 16. September 1807 durch eine Spezialkommission zu entscheiden waren, soll in Zukunft der Bezirksrath erkennen.

Was die Erhebung der Beiträge, die Enteignung und die Bestellung von Dienstbarkeiten betrifft, so soll gemäß den Artikeln 15, 16, 18 und 19 des gegenwärtigen Gesetzes (§§ 138—142) verfahren werden.

Gesetz vom 11/V. 1877. § 5.

§ 151. Ueber die Benutzung und Erhaltung jeder Bewässerungs- und Entwässerungsanlage, sowie über Erhaltung jeder Verdeichungs- und Strombett-Regulirungs-Anlage muß eine Ordnung aufgestellt werden, sofern die Anlage:

Entweder von einer Genossenschaft oder von einem oder mehreren Einzelunternehmern mit Inanspruchnahme der Einräumung von Servituten auf fremden Grundstücken errichtet ist.

Diese Ordnungen sind von den Betheiligten beziehungsweise der Genossenschaft aufzustellen, und unterliegen der Genehmigung des Bezirkspräsidenten, welchem es gestattet ist, die im polizeilichen Interesse erforderlichen Bestimmungen in der Genehmigungsklausel hinzufügen.

Können die Betheiligten sich nicht über die Ordnung einigen, oder wünschen sie es, so stellt der Bezirkspräsident die Ordnung mit verbindlicher Kraft für sie auf.

Uebertretungen der Benutzungsordnungen können in denselben mit Polizeistrafen bis zum Betrage von 150 Mark, vorbehaltlich des Schadenersatzes bedroht werden. Ueber die Verwendung des Ertrages der Strafen ist in der Benutzungsordnung in der Weise Bestimmung zu treffen, daß derselbe Denen, welche die Kosten der Anlage bestreiten, nach Verhältniß ihres Antheils an diesen Kosten zu Gute kommt. Bei genossenschaftlichen Anlagen fließt derselbe stets in die Genossenschaftskasse.

Die Verwaltungsbehörden haben den Vollzug der Ordnungen zu überwachen.

F. Die Enteignung und Entschädigung von Grundeigenthum.

B. G. B. Art. 545.

§ 152. Niemand kann gezwungen werden, sein Eigenthum abzutreten, es sei denn um des öffentlichen Nutzens willen, und vermittelst einer gerechten und vorläufigen Entschädigung.

Gesetz über die Gemeindewege vom 21. Mai 1836, Art. 16.

§ 153. Wenn zur Vollziehung gegenwärtigen Artikels die gezwungene Eigenthums-Entäußerung erfordert wird, so soll das besondere Geschwornengericht (Jury), welches beauftragt ist die Entschädigung festzusetzen, nur aus vier Geschwornen bestehen. Das Landgericht, wenn es die gezwungene Entäußerung ausspricht, wird eines seiner Mitglieder oder den Friedensrichter des Cantons bezeichnen, um bei dem Geschwornengericht den Vorsitz zu führen und die Verhandlungen zu leiten. Dieser Beamte hat nur im Falle der Stimmengleichheit entscheidende Stimme.

Das Landgericht erwählt aus der allgemeinen Liste, die im 29. Artikel des Gesetzes vom 7. Juli 1833 vorgeschrieben ist, vier Personen, um das besondere Geschwornengericht zu bilden, und drei Ersatz-Geschworne. Die Verwaltung und die betheiligte Partei haben gegenseitig das Recht einer unverzüglichen Verwerfung der Geschwornen.

Der Richter nimmt die Erklärung der Parteien an. Sein Protokoll zieht die endgiltige Eigenthums-Uebertragung nach sich.

Sowohl gegen das Urtheil, welches die gezwungene Entäußerung ausspricht, als gegen die Erklärung des Geschwornengerichts, welche die Entschädigung festsetzt, ist nur in den Fällen und Formen die Nichtigkeits-Beschwerde zulässig, welche in dem Gesetze vom 7. Juli 1833 vorgesehen sind.

Gesetz über Austrocknung der Sümpfe vom 16. September 1807, Art. 48—57.

Titel XI. Von den Entschädigungen der Eigenthümer für weggenommene Grundstücke.

§ 154. Wenn zur Ausführung einer Austrocknung, zur Eröffnung einer neuen Schifffahrtsstraße, oder zur Anlage einer Brücke es nöthig erachtet wird, Mühlen oder andere Triebwerke zu beseitigen, zu verlegen, zu ändern oder deren Stauhöhe herabzusetzen, so soll die Nothwendigkeit durch die Ingenieure der Brücken und Straßen bestätigt werden. Den Abschätzungswerth bezahlt der Staat, wenn er die Arbeiten übernimmt; wenn diese von Unternehmern vorgenommen werden, so muß der Werth bezahlt werden, ehe sie die Thätigkeit der Mühlen und Triebwerke einstellen können.

Es ist vor Allem zu untersuchen, ob die Mühlen und Triebwerke auf dem Gesetz entsprechende Weise errichtet wurden oder ob der Titel der Errichtung den Eigenthümern nicht die Verbindlichkeit auferlegt, ihre Werke ohne Entschädigung beseitigen zu lassen, wenn der öffentliche Nutzen es verlangt.

§ 155. Die zur Anlegung von Entwässerungskanälen und Rinnen, von Schifffahrtskanälen, von Straßen, Gassen, öffentlichen Plätzen und andern Arbeiten von allgemeinem Nutzen nöthigen Grundstücke sollen den Eigenthümern auf das Gutachten Sachverständiger nach dem Werthe, den sie vor Beginn der Arbeiten hatten, und ohne jegliche Erhöhung des Schätzungswerthes, bezahlt werden.

§ 156. Wenn ein Eigenthümer freiwillig sein Haus abtragen läßt oder gezwungen ist, dieses wegen Baufälligkeit abzutragen, so hat er nur Anspruch auf Entschädigung für den Werth des verlassenen Grund und Bodens, wenn die durch die zuständige Behörde festgesetzte Baulinie ihn nöthigt, mit seinem Bau zurückzuweichen.

§ 157. Die Häuser und Gebäude, von welchen ein Theil wegen des öffentlichen gesetzmäßig festgestellten Nutzens abgebrochen und beseitigt werden muß, sollen im Ganzen erworben werden, wenn der Eigenthümer es verlangt; der öffentlichen Verwaltung oder den Gemeinden verbleibt jedoch die Befugniß, die zur Ausführung des Planes nicht erforderlichen Theile der Gebäude weiter zu veräußern.

Die Ueberlassung an den Staat oder an die Gemeinde Seitens des Eigenthümers und die Wiederveräußerung erfolgen auf Grund eines auf den Vortrag des Oberpräsidenten im Kaiserl. Rath erlassenen Dekrets und unter der Beobachtung der gesetzlichen Vorschriften.[1])

§ 158. In den Städten wird die Baulinie zur Eröffnung neuer Straßen, zur Erweiterung der alten, welche nicht Theil einer Landstraße sind, und für jeden andern Gegenstand von öffentlichem Nutzen durch die Bürgermeister nach Maßgabe des Planes abgesteckt, dessen Entwurf dem Bezirkspräsidenten unterbreitet, von diesem mit Gutachten dem Oberpräsidenten vorgelegt und im Kaiserlich. Rath festgesetzt.

Im Falle der Beschwerde Seitens dritter Betheiligter wird hierüber im Kaiserl. Rath auf den Vortrag des Oberpräsidenten entschieden.

§ 159. Wenn zur Durchführung der festgesetzten Baulinie ein Eigenthümer in die öffentliche Straße vorrücken darf, so muß er den Werth des ihm überlassenen Bodens bezahlen. Bei Festsetzung dieses Werthes haben die Sachverständigen darauf zu achten, inwiefern die größere oder geringere Breite des abgetretenen Bodens, die Natur des Eigenthums, die Abschneidung des Rückstandes des von der Straße entfernten überbauten oder nicht überbauten Bodens, den Werth für den Eigenthümer erhöhen oder vermindern kann.

Wenn der Eigenthümer nicht erwerben will, so ist die Verwaltung berechtigt, ihn seines ganzen Eigenthums gegen Bezahlung des Werthes zu entsetzen, welchen es vor Beginn der Arbeiten hatte. Die Uebertragung und der Wiederverkauf erfolgen nach Maßgabe des Artikels 51 (§ 157).

§ 160. Wenn zu gleicher Zeit einem Eigenthümer Entschädigung für weggenommenes Land zu leisten und von ihm eine Vergütung für den Mehrwerth seines Grundbesitzes zu bezahlen ist, so findet Mitwerbung bis zum Belauf der niedrigsten Summe statt; der Ueberschuß allein ist nach Lage der Sache dem Eigenthümer zu bezahlen oder von ihm zu vergüten.

§ 161. Die Grundstücke, welche zur Gewinnung des

---

[1]) (Vgl. §§ 150 und 153).

Materials für die Landstraßen oder für öffentliche Bauten in Anspruch genommen werden, können den Eigenthümern bezahlt werden, als ob sie für die Landstraße selbst weggenommen worden wären. In die Schätzung kann der Werth der zu gewinnenden Materialien nur dann aufgenommen werden, wenn ein schon im Betrieb befindlicher Steinbruch in Besitz genommen wurde; alsdann werden die Materialien nach dem laufenden Preis berechnet, indem man von dem Bestehen und den Bedürfnissen der Straße, für welche sie genommen werden, oder den Bauten, für welche sie bestimmt sind, absieht.

§ 162. Die Sachverständigen zur Abschätzung der Entschädigung in den in diesem Titel vorgesehenen Fällen werden für die Gegenstände der Arbeiten des großen Straßenwesens, der eine durch den Eigenthümer, der andere durch den Bezirkspräsidenten ernannt, der dritte Sachverständige falls solcher nöthig wird, ist von Rechtswegen der Baurath des Bezirks. Wenn Unternehmer in Frage sind, wird ein Sachverständiger von dem Eigenthümer, einer von dem Unternehmer und der dritte von dem Bezirkspräsidenten ernannt. Bei Arbeiten in den Städten wird ein Sachverständiger von dem Eigenthümer, einer von dem Bürgermeister der Stadt und der dritte von dem Bezirkspräsidenten ernannt.[1])

§ 163. Der Steuer-Kontroleur und Steuer-Direktor geben ihr Gutachten auf dem Protokoll der Sachverständigen ab, welches durch den Bezirkspräsidenten dem Bezirksrathe zur Entscheidung vorgelegt wird; der Bezirkspräsident ist berechtigt, in allen Fällen eine neue Untersuchung durch Sachverständige anzuordnen.

§ 164. Die Bestimmungen der §§ 7. 22. 35. 39. 64. 68. 180. 181. und 186 finden Anwendung.

G. Die Zuständigkeit der Verwaltungsbehörden und der Gerichte.

Gesetz über die Einrichtung der Verwaltung. Vom 30. December 1871. §§ 5. 6 Nr. 1. 2. 3.

§ 165. Der Oberpräsident hat Beschwerden gegen die

---

[1]) Vgl. Art. 8 d. G. v. 8/II. 1868 über die zeitweise Besitzergreifung von Grundstücken für öffentliche Arbeiten.

Behörden und deren Entscheidungen zu untersuchen und, soweit darüber nicht nach Maßgabe des § 8 Entscheidung stattfindet, zu entscheiden oder die Entscheidung des Reichskanzlers herbeizuführen.

§ 166. Zur unmittelbaren Verwaltung werden dem Oberpräsidenten überwiesen:

1. Alle nicht dem Reichskanzler vorbehaltenen Angelegenheiten, welche mehrere Bezirke betreffen und eine örtliche Trennung nach Grenzen der Bezirke nicht zulassen;

2. Alle öffentlichen Anstalten, welche für mehrere Bezirke bestimmt sind;

3. Die Strombauten des Rheins und der Mosel, sowie der Schifffahrts-Kanäle, soweit letztere nicht durch den Reichskanzler den Bezirksbehörden zugewiesen werden.

Bekanntmachung des Reichskanzlers vom 29. Januar 1872.

§ 167. Die Befugnisse, welche nach den in Geltung stehenden französischen Gesetzen von den Ministerien auszuüben waren, sind von dem Oberpräsidenten, vorbehaltlich der Bestimmung des Reichsgesetzes vom 9. Juni 1871, insoweit auszuüben, als dieselben nicht

1. bereits durch Reichs- oder Landesgesetze oder durch Kaiserliche Verfügung geregelt sind, oder

2. den Ministern der auswärtigen Angelegenheiten oder des Krieges zustanden, oder die Verwaltung der indirekten Steuern zum Gegenstande haben.

Gesetz vom 30. December 1871. § 8.

§ 168. Zur Wahrnehmung der durch die Gesetze dem Staatsrath zugewiesenen Verrichtungen, soweit dieselben die Rekurse gegen Entscheidungen der Bezirksräthe in streitigen Sachen betreffen, bilden die dem Oberpräsidenten beigegebenen Räthe ein Kollegium mit dem Namen „Kaiserlicher Rath in Elsaß-Lothringen."

Die Entscheidungen, woran mindestens fünf Stimmende Theil nehmen müssen, sind endgültig, die Verhandlungen öffentlich.

§ 169. Die Bestimmungen der §§ 49. 75. 94. 97. 103. 117. 136. 139. 141. 149. 157 und 158 finden Anwendung.

Gesetz vom 30/XII. 1871 §§ 9 und 11.

§ 170. Die Verwaltungsfunctionen des Staatsrathes, soweit sie durch Gesetz nicht anderen Behörden übertragen werden, nimmt der Oberpräsident wahr.

§ 171. An der Spitze der Verwaltung jedes Bezirkes steht ein Bezirkspräsident. Derselbe übt die Befugnisse aus, welche bisher dem Präfekten zugestanden haben.

Dem Bezirkspräsidenten steht die Bestimmung zu, was bis zum Eingang der Entscheidung geschehen soll.

Gesetz vom 22. December 1789—8. Januar 1790 über die Primär- und Administrativversammlungen. Sect. III. Art. 2. Ziff. 6.

§ 172. Die Bezirksverwaltungen sind beauftragt mit der Erhaltung der Wälder, Flüsse, Wege und anderer gemeinschaftlichen Gegenstände.

Gesetz vom 12.—20. August 1790 über die Erhaltung der Flüsse 2c. Kap. VI. § 3.

§ 173. Die Bezirksverwaltungen sollen die Mittel aufsuchen und bezeichnen, durch welche den Gewässern freier Ablauf verschafft werden kann; verhindern, daß die Wiesen nicht durch zu starke Anspannung der Schleußen, Mühlen und anderer an den Flüssen errichteter Werke überschwemmt werden; endlich soviel als möglich alle Wasserläufe ihrer Bezirke zum allgemeinen Nutzen nach den Grundsätzen der Bewässerungskunst leiten.

Verordnung vom 13. April 1861, welche diejenige vom 25. März 1852, betreffend die Dezentralisation in der Verwaltung, abändert. Art. 2. 8 D. 1—8.

§ 174. Die Bezirkspräsidenten entscheiden ohne vorgängige Ermächtigung des Oberpräsidenten, jedoch auf das Gutachten oder den Vorschlag des Ober-Ingenieurs in Betreff der nachfolgenden unter Art. 8, Verzeichniß D. aufgeführten Angelegenheiten.

Zur Zuständigkeit der Bezirkspräsidenten gehört:

§ 175. Die Verzeichnisse A. B. C. D. zum Dekret vom 25. März 1852 werden wie folgt verändert:

Verzeichniß D.

1. Die Ertheilung der Ermächtigung zu Wasserent-

nahme aus schiff- und flößbaren Wasserläufen, welche mit Hülfe von Maschinen ins Werk gesetzt und in Anbetracht der Mächtigkeit des Wasserlaufes nicht geeignet sind die Wasserhaltung desselben merkbar zu beeinflussen;

2. Die Ertheilung der Genehmigung zu vorübergehenden Anlagen an oder auf den gedachten Wasserläufen, selbst dann, wenn dieselben die Wirkung hätten, den Spiegel oder die Haltung des Wassers zu verändern; Festsetzung der Giltigkeitsdauer für solche Genehmigungen;

3. Die Ertheilung der Genehmigung zu jeder neuen Anlage an den nicht schiff- noch flößbaren Wasserläufen, als: Mühlen, Triebwerke, Wehre, Wasserableitungen, Bewässerungen, Poch- und Stampfwerke, Erzwäschen;

4. Die nachträgliche Regelung der Verhältnisse solcher Anlagen, wenn dieselben noch nicht mit gehöriger Genehmigung versehen sind, oder die Veränderung der für dieselben bereits bestehenden Ordnungen;

5. Die Anlage von Wasserableitungen für öffentliche Brunnen aus nicht schiff- noch flößbaren Wasserläufen unter Vorbehalt der Rechte Dritter;

6. Die Anordnungen behufs Sicherstellung der Räumung und guten Unterhaltung der nicht schiff- noch flößbaren Wasserläufe, nach Maßgabe der in den älteren Ordnungen oder Ortsgewohnheiten gegebenen Vorschriften; geeigneten Falls, Vereinigung der betheiligten Eigenthümer zu Syndikat-Genossenschaften;

7. Die Vertheilung des Wassers der nicht schiff- noch flößbaren Wasserläufe zwischen Gewerbe und Ackerbau nach Maßgabe der älteren Verordnungen oder Ortsgewohnheiten;

8. Die Bildung von Syndikat-Genossenschaften unter den Eigenthümern, welche bei der Ausführung und Unterhaltung

a. von Verdeichungen gegen das Meer, die schiff- und nicht schiffbaren Flüsse, Ströme und Bäche,

b. von Kanälen zu Be- oder Entwässerungswerken interessirt sind, wenn unter diesen Eigenthümern Einverständniß über die Ausführung der Arbeiten und die Vertheilung der Kosten herrscht.

9. Die Ermächtigung und die Errichtung von Ausschiffungsplätzen an den Ufern der Ströme und Flüsse für den Dienst der Schifffahrt; die Festsetzung der Tarife und der Bedingungen für Benutzung dieser Ausschiffungsplätze.

Verfügung des Oberpräsidenten vom 28. März 1873, betreffend die Meldeverhältnisse beim Wasserbau-Dienste.

§ 176. Die Bezirkspräsidenten haben alle Befugnisse der Präfekten mit Ausnahme derjenigen, welche

1. sich auf die Schifffahrt der Gewässer beziehen und welche
2. lediglich in der den Präfekten übertragenen Verwaltung des Rheins, der Mosel und der Kanäle begründet waren.

Zu letzterer Klasse von Gegenständen ist u. A. auch die Verwaltung den aus dem Eigenthum an den Kanälen entspringenden Nutzungen, wie der Fischerei, des Grases, der Bäume ꝛc. zu zählen. Verblieben sind hiernach den Bezirkspräsidenten solche Befugnisse der Präfekten, welche sie in Folge einer ihnen durch allgemeine gesetzliche oder administrative Anordnungen ertheilten Zuständigkeit ausübten, wie z. B. die Ertheilung von Konzessionen zu Gewerbsanlagen, Fähren ꝛc.

Zur Sicherung der Interessen der Wasserbau-Verwaltung ist aber nothwendig, daß alle Verhandlungen vor Ertheilung der Genehmigung dem betreffenden Wasserbau-Bezirks-Ingenieur zur Aeußerung darüber mitgetheilt werden, ob etwa ein Bedenken gegen die Ausführung der beabsichtigten Anlage oder Einrichtung zu erheben sei. Tritt hierbei eine Meinungsverschiedenheit hervor, so sind die Verhandlungen dem Oberpräsidenten zur Entscheidung vorzulegen. Auch dürfen solche Einrichtungen und Anlagen, welche auf die Schifffahrt irgend welchen Einfluß üben können, oder bei welchen es sich um Wasserentnahme aus einem Schifffahrts-Kanale handelt, nur mit Zustimmung des Oberpräsidenten genehmigt werden.

Zur Instruirung der zur Zuständigkeit des Bezirkspräsidenten gehörigen Angelegenheiten dienen die Kreisingenieure.

§ 177. Die Bestimmungen der §§ 39. 40. 77. 78. 81. 82. 90. 96. 99. 102. 111. 115. 129—138. 147. 149—151 und 163 finden Anwendung.

Gesetz vom 30. December 1871. § 13.

§ 178. An die Stelle des Präfekturrathes tritt eine kollegialische Behörde, welche aus dem Bezirkspräsidenten und den ihm beigegebenen Räthen besteht und den Namen „Kaiserlicher Bezirksrath" führt.

An den Beschlüssen müssen mindestens drei Mitglieder Theil nehmen.

Die Sitzungen sind öffentlich.

Gesetz über die Eintheilung des Landes und die Verwaltung vom 16. Februar 1800. Art. 4.

§ 179. Der Bezirksrath entscheidet: über die Streitigkeiten, die sich bezüglich des großen Straßenwesens ergeben.

Gesetz über die Austrocknung der Sümpfe vom 16. September 1807, Art. 46 und 47.

Titel X. Von dem Geschäftskreis des Bezirksraths.[1])

§ 180. Der Bezirksrath erkennt über Alles, was sich auf die Eintheilung der verschiedenen Besitzungen vor

[1]) Nach Art. 26 des Gesetzes vom 21. Juni 1865 über die Syndikat-Genossenschaften haben die Bezirksräthe über die Streitigkeiten zu entscheiden, welche nach dem Gesetz vom 16. September 1807. Tit. X. Art. 42—47 durch eine Spezial-Kommission entschieden werden sollten. Huber S. 290 unter Anziehung von de Passy S. 138 und des Dekrets vom 27. Januar 1866, betr. die Sümpfe von Parempuyre, vertritt aber die Ansicht, daß hierdurch nur die Befugniß der Commission zur Entscheidung von Streitigkeiten, nicht aber deren administrative Mitwirkung beseitigt sei. Der Vollständigkeit wegen folgt daher hier noch Tit. X. Art. 42—45 des beregten Gesetzes:

Tit. X. Von der Einrichtung und dem Geschäftskreis der Spezialkommissionen.

Art. 42. Wenn es sich um Austrocknung von Sümpfen oder um andere im gegenwärtigen Gesetz erwähnte Arbeiten handelt und hiefür die Mitwirkung einer Special-Kommission angezeigt erscheint, so ist diese Kommission folgendermaßen einzusetzen.

Art. 43. Sie hat aus 7 Commissären zu bestehen; ihre Gutachten oder Entscheidungen müssen mit Gründen versehen sein; sie müssen, um dieselben abzugeben, mindestens in der Zahl von 5 sein.

Art. 44. Die Commissäre sind aus den Personen auszuwählen, von welchen anzunehmen ist, das sie die beste Kenntniß der Oertlichkeiten oder der verschiedenen Gegenstände haben, über welche sie zu entscheiden berufen sind.

Sie werden durch den Kaiser ernannt.

Art. 45. Die Formen des Zusammentritts der Mitglieder der Commission, die Festsetzung des Zeitpunkts ihrer Sitzungen und der Ort, an welchem sie gehalten werden, die Regeln bezüglich des Vorsitzes, des Secretariates und der Bewahrung der Acten, die Kosten, welche ihre Geschäfte verursachen und endlich Alles, was ihre Einrichtung betrifft, wird in jedem einzelnen Fall durch Kaiserliche Verordnung geregelt.

und nach der Austrocknung der Sümpfe, sowie auf deren Abschätzung, auf die Prüfung der Richtigkeit der Katasterpläne, auf die Ausführung der Bedingungen der Konzessionsurkunden, welche den Unternehmern den Genuß eines Theils der Erträgnisse zuweisen, auf die Prüfung und Uebernahme der Austrocknungsarbeiten, auf die Anfertigung und Prüfung des Verzeichnisses des Mehrwerths der Ländereien nach der Austrocknung bezieht; er gibt sein Gutachten über die Einrichtung der Unterhaltung der Austrocknungsarbeiten; er setzt die Schätzungen in dem durch Artikel 24 (§ 94) vorgesehenen Falle fest, wenn der Staat allen Eigenthümern eines Sumpfes den Besitz entziehen will; er erkennt über diese Gegenstände, wenn es sich um Festsetzung des Werths der Grundstücke vor Ausführung von Arbeiten andrer Art, wie Straßen, Kanäle, Staden, Deiche, Brücken, Gassen rc. und nach Beendigung der Arbeiten handelt und wenn der Mehrwerth festzusetzen ist.

§ 181. Er kann in keinem Falle über Eigenthumsfragen Entscheidung treffen, über diese ist durch die ordentlichen Gerichte zu entscheiden, ohne daß jedoch in irgend einem Falle die auf die Arbeiten bezüglichen Geschäfte oder die Ausführung der Entscheidungen des Bezirksraths verzögert oder aufgehoben werden könnten.

§ 182. Die Bestimmungen der §§ 43. 47. 53. 82. 84. 87. 90. 94. 99. 111. 117. 139 und 163 finden Anwendung.

Gesetz vom 30. December 1871, §§ 14 und 16.

§ 183. Der Verwaltung jedes Kreises steht ein Kreisdirektor vor.

Die Kreisdirektoren üben die Befugnisse aus, welche durch die bestehenden Gesetze den Unterpräfekten übertragen sind.

§ 184. Zur Leitung und Ausführung der Strom- und Kanalbauten, deren unmittelbare Verwaltung dem Oberpräsidenten nach § 6 übertragen ist, wird demselben ein Bauverständiger beigegeben, welcher den Amtscharakter „Wasserbaudirektor" führt, und welchem die erforderliche Anzahl von Hülfsarbeitern zur Seite steht. Für die örtliche Kontrole und Ausführung werden Bezirke gebildet, deren Abgrenzung dem Oberpräsidenten zusteht, und deren je einer einem Bezirks-Ingenieur übertragen wird.

Gesetz vom 25. Mai 1838 über die Friedensgerichte. Art. 6.

§ 185. Die Friedensrichter entscheiden vorbehaltlich der Berufung: 1. über Eingriffe, welche im Laufe des Jahres an den zur Bewässerung des Grundeigenthums und zum Betrieb der Triebwerke und Mühlen dienenden Wasserläufe gemacht wurden, ohne jedoch in die Befugnisse der Verwaltungsgewalt in den durch die Gesetze oder Verordnungen bestimmten Fällen einzugreifen.

Gesetz vom 11/V. 1877, betreffend Abänderung der Gesetzgebung hinsichtlich des Wasserrechts, § 4.

§ 186. In Betreff aller im Art. 1 des Gesetzes vom 21. Juni 1865 aufgezählten Arbeiten entscheiden:

1. über die Frage der Einräumung von Servituten,
2. über die hierfür zu zahlenden Entschädigungen,

in erster Instanz die Friedensrichter, in zweiter die Landgerichte, auch dann, wenn diese Arbeiten nicht von Genossenschaften, sondern von einem oder mehreren Privatunternehmern ausgeführt werden.

Vor dieselben Instanzen gehört auch die Beurtheilung der Streitigkeiten, welche sich zwischen mehreren, nicht in genossenschaftlichem Verhältniß stehenden Betheiligten über die Tragung der Kosten für die erste Anlage, die Abänderung oder die Unterhaltung einer gemeinschaftlichen Ent- oder Bewässerungsanlage erheben.

§ 187. Die Bestimmungen der §§ 31. 142. 153 und 181 finden Anwendung.

H. Strafbestimmungen zum Schutze von Wasserläufen ꝛc.

Gesetz, betreffend die Einführung des Strafgesetzbuches für das Deutsche Reich in Elsaß-Lothringen. Vom 30. August 1871. Art. II. III. XII. XV.

§ 188. Mit dem 1. October 1871 treten alle Bestimmungen, insoweit sie Materien betreffen, welche Gegenstand des Strafgesetzbuchs für das Deutsche Reich sind, außer Kraft.

In Kraft bleiben die besonderen Vorschriften über die

durch das Strafgesetzbuch nicht berührten Materien, namentlich über strafbare Verletzungen der Polizei-, Post-, Steuer-, Zoll-, Fischerei-, Jagd-, Forst- und Feldpolizeigesetze, über Mißbrauch des Vereins- und Versammlungsrechts, über den Holzdiebstahl und über Schulversäumnisse.

§ 189. Wenn in Landesgesetzen auf strafrechtliche Vorschriften, welche durch das Strafgesetzbuch für das deutsche Reich außer Kraft gesetzt sind, verwiesen wird, so treten die entsprechenden Vorschriften des letzteren an die Stelle der ersteren.

§ 190. Die Untersuchung und Entscheidung erfolgt:
in Ansehung der Uebertretungen durch die Polizeigerichte,
in Ansehung der Vergehen durch die Zuchtpolizeikammern der Landgerichte,
in Ansehung der Verbrechen durch die Schwurgerichtshöfe.

§ 191. Alle wegen eines und desselben Verbrechens oder Vergehens verurtheilten Personen sind zu den Kosten, zur Rückgabe und zum Schadensersatze, auf welche erkannt wird, solidarisch zu verurtheilen.

Ist auf Einziehung oder Geldstrafe, zugleich aber auf Rückgabe oder Schadenersatz erkannt worden, so haben die letzteren den Vorzug, wenn das Vermögen des Verurtheilten nicht ausreicht, alle diese Leistungen zu bestreiten.

Strafgesetzbuch für das Deutsche Reich vom 15. Mai 1871 und die Ergänzung desselben vom 26. Februar 1876.

§§ 274. Nr. 2, 296, 296a, 303, 305, 312—314, 321, 324—326, 330, 361 Nr. 9. 366, Nr. 3. 8. 9. 10. 366a, 367 Nr. 14, 15, 368 Nr. 9, 370 Nr. 1. 2. 4. und 6.

§ 192. Mit Gefängniß, neben welchem auf Geldstrafe bis zu 3000 M. erkannt werden kann, wird bestraft, wer einen Grenzstein oder ein anderes zur Bezeichnung einer Grenze oder eines Wasserstandes bestimmtes Merkmal in der Absicht, einem Anderen Nachtheil zuzufügen, wegnimmt, vernichtet, unkenntlich macht, verrückt oder fälschlich setzt.

§ 193. Wer zur Nachtzeit, bei Fackellicht oder unter Anwendung schädlicher oder explodirender Stoffe unberechtigt fischt oder krebst, wird mit Geldstrafe bis zu 600 M. oder mit Gefängniß bis zu 6 Monaten bestraft.

§ 194. Ausländer, welche in deutschen Küstengewässern unbefugt fischen, werden mit Geldstrafe bis zu 600 M. oder mit Gefängniß bis zu 6 Monaten bestraft.

Neben der Geld- oder Gefängnißstrafe ist auf Einziehung der Fanggeräthe, welche der Thäter bei dem unbefugten Fischen bei sich geführt hat, ingleichen der in dem Fahrzeuge enthaltenen Fische zu erkennen, ohne Unterschied, ob die Fanggeräthe und Fische dem Verurtheilten gehören oder nicht.

§ 195. Wer vorsätzlich und rechtswidrig eine fremde Sache beschädigt oder zerstört, wird mit Geldstrafe bis zu 1000 M. oder mit Gefängniß bis zu zwei Jahren bestraft.

Der Versuch ist strafbar.

Die Verfolgung tritt nur auf Antrag ein.

Ist das Vergehen gegen einen Angehörigen verübt, so ist die Zurücknahme des Antrages zulässig.

§ 196. Wer vorsätzlich und rechtswidrig ein Gebäude, ein Schiff, eine Brücke, einen Damm, eine gebaute Straße, eine Eisenbahn oder ein anderes Bauwerk, welche fremdes Eigenthum sind, ganz oder theilweise zerstört, wird mit Gefängniß nicht unter einem Monat bestraft.

Der Versuch ist strafbar.

§ 197. Wer mit gemeiner Gefahr für Menschenleben vorsätzlich eine Ueberschwemmung herbeigeführt, wird mit Zuchthaus nicht unter 3 Jahren und, wenn durch die Ueberschwemmung der Tod eines Menschen verursacht worden ist, mit Zuchthaus nicht unter 10 Jahren oder mit lebenslänglichem Zuchthaus bestraft.

§ 198. Wer mit gemeiner Gefahr für das Eigenthum vorsätzlich eine Ueberschwemmung herbeiführt, wird mit Zuchthaus bestraft.

Ist jedoch die Absicht des Thäters nur auf Schutz seines Eigenthums gerichtet gewesen, so ist auf Gefängniß nicht unter Einem Jahre zu erkennen.

§ 199. Wer eine Ueberschwemmung mit gemeiner Gefahr für Leben oder Eigenthum durch Fahrlässigkeit herbeiführt, wird mit Gefängniß bis zu Einem Jahre und, wenn durch die Ueberschwemmung der Tod eines Menschen verursacht worden ist, mit Gefängniß von 1 Monat bis zu 3 Jahren bestraft.

§ 200. Wer vorsätzlich Wasserleitungen, Schleußen,

Wehre, Deiche, Dämme oder andere Wasserbauten oder Brücken, Fähren, Wege oder Schutzwehre, oder dem Bergwerksbetriebe dienende Vorrichtungen zur Wasserhaltung, zur Wetterführung oder zum Ein- und Ausfahren der Arbeiter zerstört oder beschädigt, oder in schiffbaren Strömen, Flüssen oder Kanälen das Fahrwasser stört und durch eine dieser Handlungen Gefahr für das Leben oder die Gesundheit Anderer herbeiführt, wird mit Gefängniß nicht unter 3 Monaten bestraft.

Ist durch eine dieser Handlungen eine schwere Körperverletzung verursacht worden, so tritt Zuchthausstrafe bis zu 5 Jahren und, wenn der Tod eines Menschen verursacht worden ist, Zuchthausstrafe nicht unter 5 Jahren ein.

§ 201. Wer vorsätzlich Brunnen- oder Wasserbehälter, welche zum Gebrauche Anderer dienen, oder Gegenstände, welche zum öffentlichen Verkaufe oder Verbrauche bestimmt sind, vergiftet oder denselben Stoffe beimischt, von denen ihm bekannt ist, daß sie die menschliche Gesundheit zu zerstören geeignet sind, ingleichen wer solche vergiftete oder mit gefährlichen Stoffen vermischte Sachen wissentlich und mit Verschweigung dieser Eigenschaft verkauft, feilhält oder sonst in Verkehr bringt, wird mit Zuchthaus bis zu 10 Jahren und, wenn durch die Handlung der Tod eines Menschen verursacht worden ist, mit Zuchthaus nicht unter 10 Jahren oder mit lebenslänglichem Zuchthaus bestraft.

§ 202. Neben der nach den Vorschriften der §§ 306—308, 311—315, 321—324 erkannten Zuchthausstrafe kann auf Zulässigkeit von Polizei-Aufsicht erkannt werden.

§ 203. Ist eine der in den §§ 321—324 bezeichneten Handlungen aus Fahrlässigkeit begangen worden, so ist, wenn durch die Handlung ein Schaden verursacht worden ist, auf Gefängniß bis zu 1 Jahre und, wenn der Tod eines Menschen verursacht worden ist, auf Gefängniß von 1 Monat bis zu 3 Jahren zu erkennen.

§ 204. Wer bei der Leitung oder Ausführung eines Baues wider die allgemein anerkannten Regeln der Baukunst dergestalt handelt, daß hieraus für Andere Gefahr entsteht, wird mit Geldstrafe bis zu 900 M. oder mit Gefängniß bis zu 1 Jahre bestraft.

§ 205. Mit Haft wird bestraft:

wer Kinder oder andere unter seiner Gewalt

stehende Personen, welche seiner Aufsicht untergeben sind und zu seiner Hausgenossenschaft gehören, von der Begehung von Diebstählen, sowie von der Begehung strafbarer Verletzungen der Zoll- oder Steuergesetze oder der Gesetze zum Schutze der Forsten, der Feldfrüchte, der Jagd oder der Fischerei abzuhalten unterläßt. Die Vorschriften dieser Gesetze über die Haftbarkeit für die den Thäter treffenden Geldstrafen oder anderen Geldleistungen werden hierdurch nicht berührt.

Statt der Haft kann auf Geldstrafe bis zu 150 M. erkannt werden.

§ 206. Mit Geldstrafe bis zu 60 M. oder mit Haft bis zu 14 Tagen wird bestraft:

1. wer auf öffentlichen Wegen, Straßen, Plätzen oder Wasserstraßen das Vorbeifahren Anderer muthwillig verhindert;
2. wer nach einer öffentlichen Straße oder Wasserstraße, oder nach Orten hinaus, wo Menschen zu verkehren pflegen, Sachen, durch deren Umstürzen oder Herabfallen Jemand beschädigt werden kann, ohne gehörige Befestigung aufstellt oder aufhängt, oder Sachen auf eine Weise ausgießt oder auswirft, daß dadurch Jemand beschädigt oder verunreinigt werden kann;
3. wer auf öffentlichen Wegen, Straßen, Plätzen oder Wasserstraßen Gegenstände, durch welche der freie Verkehr gehindert wird, aufstellt, hinlegt oder liegen läßt;
4. wer die zur Erhaltung der Sicherheit, Bequemlichkeit, Reinlichkeit und Ruhe auf den öffentlichen Wegen, Straßen, Plätzen oder Wasserstraßen erlassenen Polizei-Verordnungen übertritt.

§ 207. Wer die zum Schutze der Dünen und der Fluß- und Meeresufer, sowie der auf denselben vorhandenen Anpflanzungen und Anlagen erlassenen Polizei-Verordnungen übertritt, wird mit Geldstrafe bis zu 150 M. oder mit Haft bestraft.

§ 208. Mit Geldstrafe bis zu 150 M. oder mit Haft wird bestraft:

1. wer Bauten oder Ausbesserungen von Gebäuden, Brunnen, Brücken, Schleußen oder anderen Bauwerken vornimmt, ohne die von der Polizei angeordneten oder sonst erforderlichen Sicherungsmaßregeln zu treffen;
2. wer als Bauherr, Baumeister oder Bauhandwerker einen Bau oder eine Ausbesserung, wozu die polizeiliche Genehmigung erforderlich ist, ohne diese Genehmigung oder mit eigenmächtiger Abweichung von dem durch die Behörde genehmigten Bauplane ausführt oder ausführen läßt.

§ 209. Mit Geldstrafe bis zu 60 M. oder mit Haft bis zu 14 Tagen wird bestraft:

wer unbefugt über Gärten oder Weinberge, oder vor beendeter Ernte über Wiesen oder bestellte Aecker, oder über solche Aecker, Wiesen, Weiden oder Schonungen, welche mit einer Einfriedigung versehen sind, oder deren Betreten durch Warnungszeichen untersagt ist, oder auf einem durch Warnungszeichen geschlossenen Privatwege geht, fährt, reitet oder Vieh treibt.

§ 210. Mit Geldstrafe bis zu 150 M. oder mit Haft wird bestraft:

1. wer unbefugt ein fremdes Grundstück, einen öffentlichen oder Privat-Weg oder einen Grenzrain durch Abgraben oder Abpflügen verringert;
2. wer unbefugt von öffentlichen oder Privat-Wegen Erde, Steine oder Rasen, oder aus Grundstücken, welche einem Anderen gehören, Erde, Lehm, Sand, Grand oder Mergel gräbt, Plaggen oder Bültenhaut, Rasen, Steine, Mineralien, zu deren Gewinnung es einer Verleihung, einer Konzession oder einer Erlaubniß der Behörde nicht bedarf, oder ähnliche Gegenstände wegnimmt;
3. wer unberechtigt fischt oder krebst;
4. wer Getreide oder andere zur Fütterung des Viehes bestimmte oder geeignete Gegenstände wider Willen des Eigenthümers wegnimmt, um dessen Vieh damit zu füttern.

In dem Falle der Nr. 4 tritt die Verfolgung nur auf Antrag ein. Die Zurücknahme des Antrages ist zuläßig.

Gesetz vom 10. Juni 1854 über den ungehinderten Abfluß des von der Drainage herrührenden Wassers. Art. 6.

§ 211. Die vollständige oder theilweise Zerstörung der Wasserleitungen oder Ableitungsgräben wird mit den in Art. 456 des franz. Strafgesetzbuches vorgesehenen Strafen belegt.[1])

Jedes Hinderniß, welches vorsätzlich dem freien Ablauf des Wassers bereitet wird, ist mit den in Art. 457 desselben Gesetzbuches vorgesehenen Strafen zu belegen.

Der Art. 463 des Strafgesetzbuches kann Anwendung finden.[2])

Französisches Strafgesetzbuch, Art. 457.

§ 212. Eigenthümer oder Pächter, oder sonstige, die im Genusse von Mühlen, Eisenhämmern oder Teichen sind, und die Wege oder fremdes Eigenthum dadurch überschwemmen, daß sie den Ort, wohin ihr überflüssiges Wasser abgeleitet wird, mehr als von der zuständigen Behörde bestimmt worden ist, erhöhen, sollen mit einer Geldbuße bestraft werden, die nicht höher als der vierte Theil der Wiedererstattung und des zu ersetzenden Schadens und entbehrten Gewinnes, aber auch nicht geringer als 40 M. sein darf. — Sind einige Beschädigungen daraus entstanden, so soll nebst der Geldbuße eine Gefängnißstrafe von 6 Tagen bis zu 1 Monate Statt haben.

§ 213. Die Strafbestimmungen der §§ 4. 10. 28. 36. 37. 39 und 151 finden Anwendung.

[1]) Art. 456. „Wer ganz oder theilweise Gräben ausfüllt, Einfriedungen, gleichviel aus welchen Materialien sie hergestellt sein mögen, zerstört, lebende oder todte Hecken abhaut oder ausreißt; wer Grenzsteine, oder Mark- oder sonstige Bäume, die als Grenzzeichen gesetzt oder anerkannt sind, verrückt oder beseitigt, soll mit Gefängniß von 1 Monat bis 1 Jahr und mit einer Geldbuße bestraft werden, welche dem vierten Theile des wiederzuerstattenden Schadens und Werthes entspricht, aber nicht unter 40 *M.* sein darf." — Vgl. §§ 192. 195. 196 und 200.

[2]) Art. 463. „Die Gerichte sind ermächtigt, in allen Fällen, wo das gegenwärtige Gesetzbuch die Gefängnißstrafe verhängt, diese auf 6 Tage, und die Geldbuße auf 12 *M.* 80 *Pf.* zu beschränken, wenn der verursachte Schaden sich nicht über 20 *M.* erstreckt, und die Umstände das Vergehen mildern; auch sind sie befugt, die eine oder andere dieser Strafen ganz allein zu erkennen, jedoch darf dieselbe in keinem Falle geringer als die Strafen der einfachen Polizei sein.

Nachtrag.

Inhaltsangabe der angezogenen wesentlichen Gesetze, Verordnungen 2c., der Zeitfolge nach.

	Paragraphen.	Seiten.
8. Gesetz, betreffend die Beseitigung sumpfiger Teiche vom 11.—19. September 1792	96.	131.
9. Gesetz vom 3. Januar 1797. Art. 3 über Flößerei	36.	118.
0. Verordnung vom 9. März 1798 betreffend Maßregeln zur Wahrung des freien Laufes der Flüsse und schiff- und flößbaren Kanäle		33. 34.
1. Verhaltungsbefehl vom 6. August 1798 über Stauanlagen	40.	119.
2. Gesetz über die Eintheilung des Landes und die Verwaltung vom 16. Februar 1800. Art. 4. .	179.	161.
3. Gesetz betreffend die Räumung der nicht schiffbaren Kanäle und Flüsse und die Unterhaltung der dazu gehörigen Deiche vom 4. Mai 1803.	114—117.	140. 141.
4. Bürgerliches Gesetzbuch:		
Buch II. Tit. 1. Art. 538.	1.	112.
„ II. „ 2. „ 545, 556—564. . . .	11—16. 18. 27. 32. 152.	114. 115. 117. 118. 153.
„ II. „ 4. „ 640—645, 649, 650, 666—669, 681, 696.	19—22. 30. 31. 2. 2. 23. 24.	116—118. 113. 116.
5. Franz. Strafgesetzbuch. Art. 456. 457. 463. .	212.	169.
6. Gesetz vom 16. September 1807 über die Austrocknung der Sümpfe:		
Tit. I. Austrocknung der Sümpfe	71—76.	126. 127
„ II. Bestimmungen der Größe, der Art und des Schätzungswerths der Sümpfe vor der Austrocknung	77—85.	127—129.
Tit. III. Von den Sümpfen während des Laufs der Austrocknungsarbeiten.	86.	129.
Tit. IV. Von den Sümpfen nach der Austrocknung und der Schätzung ihres Werthes . .	87. 88.	129.
Tit. V. Regeln für Bezahlung der von den Eigenthümern zu leistenden Vergütungen im Falle der Besitzentsetzung	89—94.	130. 131.
Tit. VI. Von der Unterhaltung der Austrocknungsarbeiten.	110—112.	135—139
Tit. VII. Von den Arbeiten für die Schifffahrt, von Straßen, Brücken, Gassen, Plätzen und Staden in den Städten, von Dämmen, von Gesundheitsmaßregeln in den Gemeinden . .	42. 43. 45—50. 97—99.	120—122. 132.

	Paragraphen.	Seiten.
Tit. VIII. Von den Straßen- und Schifffahrtsarbeiten zur Bewirthschaftung der Wälder und Bergwerke	51—53.	122. 123.
Tit. IX. Von der Konzessionirung verschiedener zum Staatsgut gehöriger Gegenstände. . .	54.	123
Tit. X. Von dem Geschäftskreis der Specialkommissionen, jetzt Bezirksraths.	180. 181.	161. 162.
Art. 42—45 durch Gesetz vom 21. Juni 1865. Art. 26 ungültig		
XI. Von den Entschädigungen der Eigenthümer für weggenommene Grundstücke	154—163.	154. 156.
17. Ausschreiben vom 22. Januar 1808 über den Leinpfad. Art. 1—4	5--8.	113. 114.
18. Ausschreiben über Gebäude und Brunnen in der Nähe von Begräbnißplätzen vom 7. März 1808. Art. 1 und 2.	25. 26.	117.
19. Gesetz über die Flußfischerei vom 15. April 1829. Art. 35	9.	114.
20. Gesetz über die Gemeindewege vom 21. Mai 1836, insbesondere Art. 16. über Entschädigung von Grundeigenthum	153.	153.
21. Gesetz über die Friedensgerichte vom 25. Mai 1838. Art. 6.	185.	163.
22. Gesetz über die Bewässerung vom 29. April 1845. Art. 1—3.	64—66. 70.	124.
23. Desgleichen vom 11. Juli 1847. Art. 1 und 2	68—70.	125.
24. Gesetz über Entwässerung vom 10. Juni 1854 Art. 1—3	60—62. 70. 211.	123. 124. 125. 168.
25. Desgleichen vom 17. Juli 1856, insbesondere Art. 9 über Räumung.	118.	141.
26. Gesetz vom 28. Mai 1858 Nr. 5628 über die Arbeiten behufs Sicherstellung der Städte gegen Ueberschwemmungen.		48.
27. Gesetz über die Nutzbarmachung der den Gemeinden gehörenden Sümpfe und öden Ländereien vom 28. Juli 1860. Art. 1—5, 7—9, nebst Vollzugsverordnung vom 15. März 1861 . .	101—108.	132—140.
28. Verordnung über die Dezentralisation in der Verwaltung vom 13. April 1861. Art. 2, 8. D.	174. 175.	158. 159.
29. Gesetz über die Syndikat-Genossenschaft vom 21. Juni 1865, insbesondere		

Straßburg, Buchdruckerei H. L. Kayser.